传媒艺苑文丛

中国礼俗史话
ZHONGGUO
LISU
SHIHUA

典藏版

王炜民 著

中国国际广播出版社

引　言

中国是一个历史悠久的文明古国。中华民族在漫长的历史进程中，以顽强的意志和卓越的智慧，创造了世所罕见的物质文明和精神文明。礼仪规范构成人们日常生活的准则，而且在古代还是国家制定典章制度的依据，在中华文明中处于核心地位，因此我国历来以"礼仪之邦"著称于世。

所谓礼仪，就是人类社会为了维系社会的正常生活秩序所遵循的一种明确规定或约定俗成的行为规范，具体包括符合规范的交往方式、行为方式、社会活动、典礼程序等，以及与之相对应的器物、标志、服饰、象征等。

中国古代社会由于统治者对礼制的强化，古代思想家对礼仪的倡导，学校中对礼学的教育，社会上日复一日、年复一年地践行礼仪，礼仪渐渐地融入人们的日常生活。在生活方式上，礼仪要求人们做到"衣服有制，宫室有度，人徒有数。丧祭械用，皆有等宜"（《礼记·王制》）。也就是说，每一个社会成员从穿衣、饮食到起居、言谈，都必须按照等级身份，遵循一定的礼仪规范。这种种处世行事的规范代代相传，礼仪便逐渐成了普遍认可的风俗习惯。这种种礼俗一旦形成，就具有了无形的道义力量，成为人们判断是非的标准，起着不成文法律的作用。古代礼俗良莠混杂，但作为一种传统文化，它对现代社会亦有着深远的影响。

今天，研究总结传统礼俗，加以批判地继承，倡导进步礼俗，弘扬精神文明，提高全民素质，仍然具有十分重大的意义。

目　录

中国礼俗的源流

一、礼俗的起源

中国礼仪习俗的起源可以一直上溯到原始社会时期。可是，原始社会离今天太遥远了，再加上那时候还没有文字，不可能留下可靠的典籍。因此，后人讨论它的起源，难免出现歧异。关于礼仪的起源，历来说法甚多，主要有"天神生礼说""天经地义说""礼生于理说""礼从民俗说""饮食男女说""祭祀说""人的欲望与环境矛盾说"等。

比较而言，祭祀说较为合理。《礼记·礼运》曾对礼的起源做了概括性描述："夫礼之初，始诸饮食，其燔黍捭豚，污尊而抔饮，蒉桴而土鼓，犹若可以致其敬于鬼神。"这句话所描写的是，远古社会的人们把黍米和劈开的猪肉块放在烧石上烤炙而食，在地上凿坑作为酒樽用手掬捧而饮，并且用茅草茎捆扎成鼓槌敲击筑地而成的土鼓，以此来表示祭祀鬼神。这就是当时的礼。从文字学角度看，"礼"最早的文字形式就像用器具托着两块玉奉给鬼神，是早期人类祭祀活动的反映。《说文解字》也认为礼与"事神"的活动有关，解释说："礼，履也，所以事神致福也。"郭沫若在《十批判书·孔墨的批判》中指出："大概礼之起于祀神，故其字后来从示，其后扩展而为对人，更其后扩展而为吉、凶、军、宾、嘉的各种仪制。这都是时代进展的成果。愈望后走，礼制便愈见浩繁，这是人文进化的必然趋势，不是一个人的力量可以把它呼唤得起来，也不是一个人的力量把它叱咤得回去的。"[①]也就是说，礼仪起初只是人们祭祀鬼神的仪式行为，后来才逐渐扩展到了人与人之间交往的各种仪式行为。这就是礼仪。

再根据人类学和民族学的材料考察，原始社会的礼仪习俗确实是与原始宗教祭祀活动相联系的。

原始宗教起源于先民对自然、神祇等的崇拜，人们把这种崇拜付诸不同形式的祭祀活动。这样，礼俗便随着原始宗教的出现而产生了。

远古人类除了有对大自然的崇拜外，还有动植物崇拜、鬼神崇拜、祖先崇拜、图腾崇拜、灵物崇拜等。而原始礼俗主要就表现在对这些崇拜物的祭祀活动中。原始人的种种祭祀是有其原因和目的的。如：祭祀天上的日月星辰，是为了瞻仰；祭祀地下的金木水火土，是为了增值财富；祭祀大地、名山、河川、湖泽，是因为它们有物产。总之，被崇拜的自然物对人有用处，人们才去崇拜它们。这其中也包含着如何保持丰收、吉祥、顺遂、发展等积极愿望。祭祀活动大多是为了得到崇拜对象的庇佑，以求消灾去厄。如：古代一些原始部落崇

---

① 郭沫若. 十批判书·孔墨的批判［M］// 郭沫若. 郭沫若全集·历史编（第二卷）. 北京：人民出版社，1982：96.

拜太阳神，为了免去对黑夜的恐惧，就祈祷太阳常留人间。当出现日食时，他们就认为太阳将死，大为恐慌，就把燃烧着的炭插在箭头上向天射去，以为这样可使太阳复活。有的部落甚至有看到日食即杀人祭日的习俗。杀人以献祭反映了原始礼俗的愚昧性和野蛮性，但这种礼俗起源很早，流传也很久。从河南安阳殷墟发掘出的殉葬坑看，除了奴隶主死亡时动辄用数十人，甚至上百人殉葬外，每次祭祀活动也都要杀人献祭。从民族学材料看，佤族过去也曾有杀人祭天的礼俗。每年春耕前，佤族部落往往要通过械斗在别村猎取一个人头。由头人隆重地捧着人头，十分虔诚地埋在田里，然后才开始春耕，以为借此可以保佑丰收。

在原始宗教中，图腾崇拜是一种重要的形式。"图腾"一词源自北美洲印第安人阿尔衮琴部奥古布瓦方言，意思是"他的亲族"。图腾信仰认为，人与某种动物、植物或者无生物之间有一种特殊的血缘关系，每个氏族都起源于某种动植物或无生物。这种图腾就是该氏族的祖先和保护神，也是该氏族的徽号、标志和象征，因此图腾崇拜也产生了许多相关的礼俗。虽然关于图腾崇拜的考古资料不多，但是古代传说故事中有不少图腾崇拜的记录，而近代许多民族则保留着不少图腾崇拜的"活化石"。如：在鄂伦春、鄂温克等民族中，有过崇拜熊的礼俗。他们在行猎中打死熊后，运回住地的途中要假装哭泣。到达部落时，所有男人都要出来迎接，高喊"森林之王来了"，并且争先恐后地和熊接吻，表示敬意。吃肉时，他们还要齐声喊叫："是乌鸦在吃你的肉，不是鄂温克人在吃你的肉。"吃过熊肉之后，他们还要举行葬熊仪式。他们把熊骨用草裹起来或排列在柳条篱笆上，抬到森林中，架在两树之间进行风葬。送葬者要假装悲痛哭泣，老年人还要领着青年人跪下，给熊敬烟、磕头，并向熊祈祷。

原始礼俗与崇拜的联系还表现在禁忌方面。如：人类自从能用火、会用火之后，总是把火看作好东西，一旦失去火，生活上就会产生很大困难。因此，他们对火便有了一种特殊的感情，生怕对它有所得罪。于是，围绕火便有了许多崇拜和禁忌，而这些崇拜和禁忌直到近现代在一些少数民族中仍有遗存。赫哲族就不许骂火，不许跨火，不许蹲在火堆上面，妇女烧火时不能对着灶火门蹲着，熄灭火时不能敲打或用脚踏，用水把火浇灭时还要说："请火神爷把脚挪一挪。"另外，他们外出时遇见烧火堆还要对着磕头，以表示恭敬。

总之，礼仪习俗起源于祭祀说确有道理。不过，祭祀不一定是礼仪的唯一起源。有学者认为，礼仪的源起应该是多元的。"礼仪既源起于原始人类的劳动和日常生活，用来调节人类不断增长的欲求与客观环境之间的矛盾；同时又起源于原始人类的超验世界，是由原始的祭祀仪式而逐渐发展形成的各种行为规范。"[1]

不过，礼俗在原始社会及阶级社会早期还很零散、盲目，处于滥觞阶段。但是，这确实是礼俗的源头之一，为以后成套礼俗的形成奠定了初步的基础。

二、礼俗的形成

礼仪习俗萌芽于原始社会，但是只有进入阶级社会，出现了国家

---

[1]　顾希佳.礼仪与中国文化 [M].北京：人民出版社，2001：87.

之后，统治者才对各种仪式和人际交往的行为方式做出更为完善且较为细致的规范，形成通常意义的礼仪。这是因为礼对于国家的治乱有着十分重要的作用，正如《礼记·礼运》所载孔子的一段话所说的：

> 夫礼，先王以承天之道，以治人之情，故失之者死，得之者生。……是故夫礼必本于天，殽（xiáo）于地，列于鬼神，达于丧、祭、射、御、冠、昏（婚）、朝、聘。故圣人以礼示之，故天下国家可得而正也。

孔子在这里强调了"礼"的重要性，认为礼得之于天，效法于地，配合鬼神，贯彻到丧葬、祭祀、射箭、驾御、加冠、结婚、朝会、交聘等各种社会活动中。只有遵循礼，才能治人，才能治理好天下国家。荀子则更明确地说："人之命在天，国之命在礼。"（《荀子·强国》）礼既然对国家治乱有如此重要的作用，统治者当然会尽力确立礼制，完善礼仪，使之成为维护等级秩序的得力工具。

中国礼仪习俗在先秦时期即已形成。夏商周三代各有礼仪，且相因革而成。这就是孔子所说的："殷因于夏礼，所损益可知也；周因于殷礼，所损益可知也。"（《论语·为政》）

夏礼是怎样的，由于缺乏足够的文献记载，后人已难知其详。据柳诒徵研究，从《诗经》《礼记》等典籍中，我们大致可以知道夏礼的一些状况。比如：那时已有学校，入学以春仲吉日，行礼则舞干戚；乡人于十月跻公堂，行饮酒之礼；礼器有山罍、鸡彝、龙勺、龙簨（zhuàn）等；宗庙器具往往雕刻成鸡、龙等形；喜欢用黑色，等等。[1]关于夏礼的精神实质，孔子有一段总结性的评述："夏道尊命，事鬼敬神而远之，近人而忠焉。先禄而后威，先赏而后罚，亲而不尊。其民之敝，蠢而愚，乔而野，朴而不文。"（《礼记·表记》）这是孔子将夏商周三代之礼加以比较后得出的看法，当有一定的事实根据。一般认为，夏礼较简朴，但忠孝之道已基本形成，商礼和周礼都是在夏礼的基础上发展起来的。

殷商之礼可供研究的材料也不多，主要是殷人占卜后刻在龟甲和兽骨上的甲骨文，又称殷墟卜辞，这是考古学为我们提供的重要实证。我们从卜辞中知道，殷人崇拜的最高权威是"上帝"。卜辞中大量出现的"宾日""出，入日""又于出日"等记载，可以说明当时有迎日出、送日入的仪式。此外，我们由此知道殷人祭祖有五种方式：彡、翌、祭、尝、协，五种祭礼依次进行，周而复始，十分忙碌。殷人诚惶诚恐地奉祀各种神鬼，所谓天神、地祇、人鬼，全都在殷人的顶礼膜拜之中。[2]

历史发展到周代，文献资料已渐趋丰富，特别是后来又出现了专门记载周礼的礼书，也就是《周礼》《仪礼》《礼记》，世称"三礼"。"三礼"所记是不是周礼原貌，后人多有怀疑，不过一般认为，这些礼书所述，与周礼还是十分接近的。顾颉刚即认为，《周礼》一书，说是周公所作固然证据不足，不过也并非汉代刘歆所伪造。应该承认，《周礼》不成于一人，不作于一时，还是保存了一部分古代的真制度，值得我们重视。[3]再从历史发展的规律来看，夏商周三代之

---

① 柳诒徵.中国文化史［M］.北京：中国大百科全书出版社，1988：73-75.
② 冯天瑜，等.中华文化史［M］.上海：上海人民出版社，1990：323-325.
③ 顾颉刚."周公制礼"的传说和《周官》一书的出现［J］.文史，1979（6）.

礼，先后继承发展，到了周代，势必要比夏商更成熟、更完备，这也是必然的规律。所以孔子说："周监于二代，郁郁乎文哉！吾从周。"（《论语·八佾》）尹氏注则说："三代之礼，至周大备，夫子美其文而从之。"

据《周礼》记载，周代专门设置了管理礼制的官职大宗伯和小宗伯。在宗伯之下，有肆师、郁人、鬯（chàng）人、鸡人、司尊彝、司几筵、天府、典瑞、典命、司服、典祀、守祧（tiāo）、世妇、内宗、外宗等官员掌管祭祀，有冢人、墓大夫、职丧等官员掌管丧葬，有大司乐、乐师、大胥、小胥、大师、小师、典同、磬师、钟师、笙师、司干等官员掌管乐舞，有巾车、车仆、司常等官员管理车舆旗帜，还有大卜、大祝、司巫、大史等官员带领着各自的下属各司其职，组成了人数众多的礼仪机构。

由于统治者对礼制高度重视，又有专职官员管理礼仪，周代的礼仪已颇为系统完备，按《礼记》所说仅大礼即达300种，而小礼竟多至3000种。众多的礼节虽然十分繁缛，但大体分为五类，即《周礼》所说的吉礼、凶礼、军礼、宾礼、嘉礼等"五礼"。

吉礼，就是祭祀之礼。古人认为，天地、宗庙、神祇关系到国运之兴盛、宗族之延续，故排列在五礼之首。吉礼一般按祭祀规模分为大祀、中祀、小祀三类。大祀，包括祭天、地、宗庙、五帝，及追尊之帝、后等，是古代举行的祭祀活动中最隆重的礼仪，如无特殊情况，帝王都要亲自参与祭祀。中祀，是祭社、稷、日、月、星辰、岳、镇、海、渎、帝社、先蚕（**教民育蚕之神**）、七祀①、文宣、武

① 指门、户、灶、行、中霤（liù）、司命、泰厉等七种鬼神，有的朝代只祭前五种，称五祀。

成王、古帝王等，一般由帝王派遣高官致祭。小祀，祭司中、司命、司人、司禄、风伯、雨师、灵星、山林、川泽、司寒、马祖、先牧、马步、州县之社稷等，由帝王派官员主祭。地方上的祭祀活动亦属小祀。

凶礼，即丧葬灾变之礼。它一般可分为五类：丧礼，是哀悼死者的礼仪；荒礼，指当某一地区发生饥馑疫疠（lì）时，天子与群臣通过减膳、撤乐等礼仪表示同情；吊礼，指当诸侯国或盟友发生水旱风火灾害时，天子与群臣派遣使者表示慰问；襘（guì）礼，指盟友被敌国侵犯，国土残破，盟主应会合诸盟国筹集财物，补偿其损失；恤礼，是某国遭受外侮或内乱时，邻国应当给予支持和援助。

军礼，是与军事有密切关系的礼仪制度。它亦可分为五类：大师礼，指天子或诸侯的征伐活动，包括宗庙谋议、命将出师、载主远征、凯旋献俘等；大田礼，指天子与诸侯的定期狩猎活动，实质是训练士卒的军事演习；大均礼，指天子在畿（jī）内、诸侯在封国内检校户口，征收赋税；大役礼，指由国家发起的各种营建工程；大封礼，指勘定各种封地之间的疆界。

宾礼，主要是指周天子与诸侯之间所应遵循的礼仪，内容分为朝、宗、觐、遇、会、同、问、视八类。前四类是不同季节诸侯朝见天子时的有关礼仪，春天朝见的礼仪称为"朝"，夏天朝见叫作"宗"，秋天朝见叫作"觐"，冬天朝见叫作"遇"。会礼，指天子发现某诸侯国不驯服时，会合其他诸侯国兴师问罪，因其没有确定日期，又名"时见"。如果天子12年没有出巡，四方诸侯就要同来朝会，称为同礼。问礼，指诸侯不定期派遣大夫作为使臣朝见天子，请安行礼。视礼，指诸侯每隔三年派遣卿一级官员作为使臣朝见天子。此外，各诸侯国之间联系交往的聘礼也属于宾礼。

嘉礼，是喜庆欢会活动中的礼仪。它又可分为六类：饮食礼，即各级贵族、庶民的饮酒礼和进食礼；婚冠礼，包括公冠礼、士冠礼及婚娶之礼；宾射礼，即举行射箭活动分宾主、按等级遵循的不同礼仪；飨（xiǎng）燕礼，即筵宴之礼；脤膰（shèn fán）礼，是举行祀典后将祭肉分赐给助祭者的礼仪；贺庆礼，是遇到喜庆之事进行祝贺的礼仪。

上述"五礼"，主要是周代制定的礼仪制度的大致情况，以后各代根据社会状况的变化对具体的礼仪均有所损益修订。但仅从周礼即可看出，早在先秦时期，礼仪制度已经渗入社会生活的各个方面，无论是统治者要确立与巩固自身的权力地位，封建家族要维护自身的血亲关系，还是达官贵人、布衣白丁、贩夫走卒之间的人际交往，以及婚嫁丧葬、迎宾待客、行为举止、言语应对，均有一整套礼仪规则可以遵循。周礼是我国先秦时期最庞大、最严整、最文明的制度和礼仪，对整个封建社会都产生了深远影响。比如：周礼中基本定型的婚姻"六礼"，后来就成为我国传统婚礼的主要模式。可以说，在周代，中国礼仪习俗已基本形成。

礼仪习俗在周代形成制度，只要人们都按照这套礼制各就其位，各安本分，那么贵贱、长幼、贫富即可区分，君臣、父子、兄弟等关系即可确立，社会也不会出现动乱的局面。到了春秋时期，周王室式微，诸侯纷争，社会动荡，周礼受到很大冲击，出现了"礼崩乐坏"的局面。因此，希望社会安定的儒生大力倡导礼治，推行礼仪。这时候，以孔子为代表的儒家提出了"克己复礼"的口号。孔子竭力推崇周礼，公开宣称"吾从周"，要求恢复周礼，用周礼来规范人们的行为。"非礼勿视，非礼勿听，非礼勿言，非礼勿动。"（《论语·颜渊》）

不过，孔子所说"克己复礼"并非简单地恢复周礼。大量典籍资料可以证实，孔子不仅主张复礼，而且形成了自己的礼学思想，对传统礼仪又有创造性发展，使之获得顽强的生命力，从而能在以后的漫长岁月里经久不衰，对中国的历史文化走向产生了深远影响。孔子的礼学思想概括起来大致有以下三个特点：其一，孔子以仁释礼，将传统的与宗法制结为一体的礼同仁联系在一起，使之成为道德之礼，并且视之为人性自然流露的结果；其二，孔子强调礼是作为人的普遍的行为准则，将局限于贵族的主要传统行为规范的礼推向了全民各个阶层；其三，孔子认为礼是可以"损益"的，较好地说明了传统文化的继承和发展的关系。[①]

另外，孔子曾经教导他的儿子伯鱼说："不学礼，无以立。"（《论语·季氏》）他认为不学礼的人是难以立足于社会的。孔子十分看重礼，在教授学生时把礼当作一门特设的课程，列入"六艺"之中，并居于首位。孔子是古代杰出的教育家，曾经收过约3000个弟子，后来被尊为至圣先师，在古代社会影响很大。因而，孔子对礼的倡导无疑推动了学礼、讲礼、行礼的风气的形成。

在孔子之后，孟子继承孔子的礼学思想，提出了"仁政"的主张，并用"父子有亲，君臣有义，夫妇有别，长幼有序，朋友有信"

---

① 杨志刚.中国礼学史发凡［J］.复旦学报，1995（6）.

（《孟子·滕文公上》）等"五伦"概括封建社会的人际关系准则。五伦关系及其准则后来一直是传统礼仪的核心。荀子亦继承了孔子的礼学思想，对礼的起源、本质和作用，都曾有过详细论述。他所主张的礼治思想，对整个封建社会也产生过深刻的影响。如果说周礼的规定主要是针对王室、诸侯和贵族的，那么春秋战国时期以孔子为代表的儒家则在创建礼学思想、把礼仪推向全体民众等方面做出了很大的贡献。

总之，中国礼仪习俗在先秦时期已蔚为大观，形成制度，并影响全社会，为之后礼俗的发展奠定了基础。

三、礼俗的发展和演变

在汉代，中国礼仪习俗进入发展阶段。汉代初年，因刚刚结束战乱，叔孙通奉汉高祖之命制定礼仪，主要是杂采古礼。到汉武帝时期，王朝强盛，社会稳定，局面出现了大的变化。汉武帝罢黜百家，独尊儒术，将《诗》《书》《礼》《易》《春秋》合称为"五经"，奠定了经学的正统地位。其中，《礼》就是记载古代儒家传习礼仪最早的著作《仪礼》。儒学正统地位的确立，使儒家提倡的礼仪成为礼仪习俗的主流，有力地推动了礼俗的发展，也使得古代礼俗趋于完善。

例如：中国古代社会盛行的所谓"六礼""七教""八政"，即《礼记·王制》所说的："六礼：冠、昏、丧、祭、乡、相见。七教：父子、兄弟、夫妇、君臣、长幼、朋友、宾客。八政：饮食、衣服、事为、异别、度、量、数、制。""司徒修六礼以节民性，明七教以兴民德，齐八政以防淫"在汉代已经成为社会成员一切行为的规范。又如：夏历元旦、元宵节、清明节、上巳节、乞巧节、重阳节、春秋社日、冬祭腊日这样一些重要的传统节日，以及相关的节日礼仪，也大多在汉代得以定型。[①]东汉末年，郑玄分别给产生于先秦和西汉的《周礼》《仪礼》《礼记》三书作注，又写有《三礼目录》一卷，形成了"三礼"的提法，并被普遍接受。唐初"三礼"被列入"九经"，以后发展到"十二经"，到宋代确立"十三经"为经典，"三礼"始终都包括在内，一直流传至今。"三礼"之说的形成，也是礼仪发展的重要例证。

魏晋南北朝时期，中国社会长期处于动乱之中，政局动荡，战乱频仍，天灾人祸不绝，百姓痛苦不堪。一方面，知识分子阶层里盛行玄学，清谈成风；另一方面，佛道二教异军突起，来势汹汹，这些都对传统礼仪构成了挑战。在当时的社会生活里，普遍存在一种"非道德化"的放任风气。有些统治者也受此影响，不再刻板地遵循古礼，而开始顺应时势，注意变革。曹操就是一个薄葬风气的倡导者。据《晋书·礼志》载，曹操死前遗诏："天下尚未安定，未得遵古也。葬毕，皆除服。其将兵屯戍者，皆不得离屯部。有司各率乃职。殓以时服，无藏金玉珍宝。"后来，曹操的葬礼果然一切从简。他的儿子曹丕也继承父志，临终制诏书坚持薄葬。上行下效，曹氏父子的薄葬主张对曹魏，乃至晋朝的丧葬礼仪都产生了积极影响。[②]对于这个时期的礼仪形势，鲁迅有过精辟的论述，他说："例如嵇阮的罪名，一向

---

① 冯天瑜，等.中华文化史［M］.上海：上海人民出版社，1990：453-458.
② 万建中.中国历代葬礼［M］.北京：北京图书馆出版社，1998：7-8.

说他们毁坏礼教。但据我个人的意见，这判断是错的。魏晋时代，崇奉礼教的看来似乎很不错，而实在是毁坏礼教，不信礼教的。表面上毁坏礼教者，实则倒是承认礼教，太相信礼教。"[1]正是统治集团一面肆意践踏礼教的基本原则，一面又高喊礼教，暴露出礼教虚伪的一面，这才激起了玄学的反动。不过，传统礼仪虽然受到严重冲击，但没有出现一蹶不振的局面。不少人有鉴于当时浮华骄矜、肆意毁誉的世风，退而致力于对家中子孙后代的教育，留下了不少家训类的文字。比如：三国蜀汉刘备临死前告诫其子刘禅的遗诏中有"勿以恶小而为之，勿以善小而不为"之言，诸葛亮所写《诫子书》中则有"非淡泊无以明志，非宁静无以致远"之语，它们都成为千古名言，流传久远。北齐颜之推的《颜氏家训》，凡7卷20篇，依次为序致、教子、兄弟、后娶、治家、风操、慕贤、勉学、文章、名实、涉务、省事、止足、诫兵、养生、归心、书证、音辞、杂艺和终制，堪称家礼之典范，古今家训，无不受它影响。[2]这些都表明这个时期的传统礼仪并没有因为受到冲击而沉沦，它在严峻的历史风浪中经受住了考验，经过一定的调整之后，适遇盛世，便又开始了新的历程。

唐代国力空前强盛，政治稳定，经济发达，文化繁荣，礼仪也达到了古代的鼎盛时期。唐初仍沿用隋礼。贞观十一年（637），唐太宗命房玄龄、魏徵组织礼官、学士，在隋礼基础上增补天子上陵、朝庙、养老、大射、讲武等内容，定吉礼61篇、宾礼4篇、军礼20篇、嘉礼42篇、凶礼11篇，称《五礼》，后世则称其为《贞观礼》。唐高

---

① 鲁迅.魏晋风度及文章与药及酒之关系[M]//鲁迅.鲁迅全集（第三集）.北京：人民文学出版社，1982：513.

② 徐梓.家训——父祖的叮咛[M].北京：中央民族大学出版社，1996.

宗显庆年间（656—661），长孙无忌等人对其进一步增补，形成后世所称的《显庆礼》。开元年间（713—741），唐玄宗又在隋礼和《贞观礼》《显庆礼》的基础上进行大规模整理，纂修完成了《开元礼》。据《新唐书·礼乐志》称："由是，唐之五礼之文始备，而后世用之，虽时小有损益，不能过也。"比如：《开元礼》中关于丧葬仪礼的记载，共有66道程序，如果是改葬，还得有17道，比以前历代都更为完备，而且在整个封建时代也大致得以沿袭，甚至近现代的民间礼俗中还可以看到《开元礼》所定程序的影子，只是一部分程序被简化而已。《开元礼》较前代礼仪更具系统性和完整性，成为封建礼制的最高典范，此后几个朝代的礼制基本上没有超过它。另外，唐末杜佑撰写《通典》，其中《礼典》100卷，周详而可靠地记载了唐代以前礼仪的演变情况，更是仪制研究的一个里程碑。

还应指出的是，在隋唐之前，受周礼影响，往往礼法不分，礼涵盖一切，在国家的政治生活中出现诸多弊端。唐代总结前朝在这方面的经验教训，比较注意加强法律制度的建设，使礼仪与法律、官制分离，取得较好的效果。如：唐高宗永徽二年（651）颁行的《永徽律》（元代以后被称为《永徽律疏》，而后来颁行的《疏议》被称为《唐律疏议》），内容周详完备，节目简要，条文清晰，一准乎礼，出入得古今之平，成为此后封建社会里法律的楷模。[1]正是由于法律制度的完备和相对独立，才使得礼仪能摆脱重负，得以继续发展。

宋代礼仪习俗出现了新的变化，这就是礼仪开始与朝廷典章制

---

① 刘海年.古代法制［M］//谭家健.中国文化史概要.北京：高等教育出版社，1988.

度分离，走向民间，逐渐与今人对礼仪的理解接近起来。其时朝廷礼制基本沿袭前代，只是在一些细节上有所调整而已。随着市民阶层的崛起和民间宗族共同体的普遍加强，这时候儒家开始把注意力移向民间，致力于民间礼俗的规范化。北宋司马光就曾在《仪礼》的基础上，根据当时礼俗的实际情形，撰写《书仪》。南宋朱熹则在《书仪》的基础上撰写《家礼》。此类礼书的内容与朝廷礼制有所不同，主要侧重在冠、婚、丧、祭等"四礼"，以及一些民间日常生活的行为规范，它们和民众生活更为贴近，更具实用价值。朱熹在《家礼》中还特别强调强本节末，简化仪节度数。比如：把婚姻"六礼"简化为"四礼"，也就是将原先的纳采和问名合并、纳吉和纳征合并；又把丧礼中子女守丧三年改成了一年或半年。就传统礼仪的衍变而言，这种变革无疑有一定的积极意义。尤其是朱熹的《家礼》在明清时期几乎传遍全国，成为家庭礼仪的圭臬。①

此外，还有人则致力于乡规民约、家训格言一类文字的撰写，也成为传统礼仪的重要补充，对于民众的行为规范有着一定的指导意义。比如：北宋吕大忠，京兆蓝田（今属陕西）人，曾为家乡制定乡约，人称《蓝田乡约》。这个乡约简明扼要，通俗易懂，其中"礼俗相交"部分写道："凡行婚姻、丧葬、祭祀之礼，《礼经》具载，亦当讲求。如未能速行，且从家传旧仪；甚不经者，当渐去之。"这说明他既要求乡亲们按礼仪经典行事，又尊重民间风俗，允许变通，同时提倡移风易俗。这个乡约对于婚丧礼仪的细则也加以规范，开支原则较能注意俭朴从事。据《宋元学案》称，《蓝田乡约》一出，关中

① 杨志刚.《朱子家礼》：民间通用礼［J］.传统文化与现代化，1994（4）.

风俗，为之一变。这一类乡规民约在协调乡里生活、维护宗法秩序等方面所发挥的功能是不可低估的。①在家训方面，北宋司马光的《居家杂仪》和南宋陆游的《放翁家训》都很有影响，他们谆谆告诫自己的子女"谨守礼法""宽厚恭谨"，充分重视家庭在整个社会生活中的重要作用，对后世也产生了很大的影响。②

元代礼仪走向低潮。元朝统治者虽然沿袭了宋代礼制，口头上也尊孔，并且任用了一批汉族士大夫，但实际上他们是轻视汉儒的。特别是这个时期民族矛盾一直处于不可调和的状态，元朝贵族坚持蒙古族礼俗，蔑视汉族礼仪；而在汉儒看来，这是"灭裂礼法"。由于游牧文化与农耕文化的矛盾没有很好地得以解决，致使礼仪在元代未能得到发展。

明朝建立后，统治者认为"贵贱无等，僭礼败度"，是元朝失败的一大原因③，所以特别注意礼制，对各级官吏和普通百姓的衣食住行加以严格规定，不许他们有僭越等级的任何举动。《明史·舆服志》载："明初，禁官民房屋不许雕刻古帝后、圣贤人物及日月、龙凤、狻猊、麒麟、犀象之形。""庶民庐舍：洪武二十六年定制，不过三间，五架，不许用斗栱，饰彩色。""建文四年申饬官民，不许僭用金酒爵，其椅棹木器亦不许朱红金饰。""洪武三年，庶人初戴四带巾，改四方平定巾，杂色盘领衣，不许用黄。又令男女衣服，不得僭用金绣、锦绮、纻丝、绫罗，止许紬、绢、素纱，其靴不得裁制花样、金

---

①　顾希佳.礼仪与中国文化［M］.北京：人民出版社，2001：107.

②　徐梓.家训——父祖的叮咛［M］.北京：中央民族大学出版社，1996.

③　刘志琴.晚明城市风尚初探［M］//中国古代文化史论.北京：北京大学出版社，1986.

线装饰。首饰、钗、镯不许用金玉、珠翠，止用银。""正德元年，禁商贩、仆役、倡优、下贱不许服用貂裘。"明朝统治者甚至不惜用最严厉的法律制裁，来强行实施等级礼制。如《明律》规定："凡官民房舍车服器物之类，各有等第。若违式僭用，有官者，杖一百，罢职不叙。无官者，笞五十，罪坐家长。工匠并笞五十。"再加上朱元璋多忌讳，大兴文字狱。明代帝王大多利用东厂、西厂、内行厂、锦衣卫等特务机构，实行高压政策，排斥异己，使得整个社会的文化生活显得僵滞灰暗。

不过，这种律令严明、恪守礼仪的局面并没有维持太久。从嘉靖年间起至明末，明朝出现了一股越礼逾制的浪潮，向传统礼教发起猛烈冲击。一方面，社会生产发展，财富积累增加，特别是在商业繁荣的城市里，普通百姓手头有钱，但他们在衣食住行各方面受到礼制的约束而不能恣意享受，这显然无法忍受；另一方面，朝政腐败，法制松弛，朝廷已经管不了那么多。这样一来，庶民越礼逾制也就蔚然成风，愈演愈烈，房屋越造越豪华，衣服越穿越奢侈，各种礼仪大讲排场，甚至超过了实际消费能力。世风以奢侈为荣。这种风气还直接影响到人们的观念，许多人开始追求金钱，唯利是图，传统的忠孝节义发生动摇，当儿孙的居然为了变卖随葬财宝而掘起祖坟，做妻子的则以丈夫挣钱多少来决定爱憎，正如有的民歌所描述的那样："骨肉贫相远，陌路富相亲。""冷暖观门第，礼貌看衣服。"有人发出了"礼义相让之风邈矣！"的惊叹。① 这种现象延续到明末，随着明清王朝的嬗递，满族入主中原，又一次强化了封建专制统治，传统礼仪再度

---

① 顾希佳.礼仪与中国文化［M］.北京：人民出版社，2001：111.

被奉为金科玉律，越礼逾制的浪潮才悄然退隐下去。

在清代，汉满文化的冲撞一直十分激烈。清王朝为了加强权威，强化等级礼制，把朝廷礼仪推向了极端。据柳诒徵研究，在明代朝仪中，大臣只须四拜或五拜，清代开始实行"三跪九叩首"；明代大臣入朝，可以在御前侍坐，奏事起立，奏毕复坐，清代则一律跪在地下；明代答诏称"卿"，有点儿客气，清代则斥之为"尔"，根本不在话下；清代大臣上奏折，一概自称"奴才"，这也是破天荒的。①

出于同样的政治目的，清王朝在强化宗族制度方面也加大了力度。康熙九年颁行"上谕十六条"，就明确指出，要"笃宗族以昭雍睦"；康熙二十八年，又批示"族长不能教训子孙，问绞罪"，从而明确宣布族长有权教训族中子孙。雍正则在《圣谕广训》中说："……凡属一家一姓，当念乃祖乃宗，宁厚毋薄，宁亲毋疏。长幼必以序相洽，尊卑必以分相联。喜则相庆以结其绸缪，戚则相怜以通其缓急。"同时，雍正明确指示宗族要兴建祠堂，设立学校，添置族产，纂修族谱。从那时起，国家法律明确承认宗族的司法权，族长教训子弟，治以家法，就是将其处死，也是无罪的。正是在国家政权的鼓励和支持下，宗族共同体在清代得到了进一步发展，成为当时维系基层社会秩序的重要手段。②在这种情形下，儒家的伦理纲常也依赖于强固的宗族而得以发扬。常州《陈氏宗谱》云："凡小儿甫能言，则教以尊尊长长；稍就家，则教以孝悌忠信礼让廉节。"日常生活中的一切言行都要娴于礼法。"凡语言应对周旋动作，皆为符合规矩。"子弟

① 柳诒徵.中国文化史［M］.北京：中国大百科全书出版社，1988：710-711.

② 顾希佳.礼仪与中国文化［M］.北京：人民出版社，2001：112-113.

见父母，"坐必起，行必以序，不可免冠徒跣，应对毋以尔我"。"子孙受上诃责，不论是非，但当俯首默受，毋亟自辩理。媳事姑舅亦然。"由此可见，封建礼教的负面效应在这个时期已经充分地暴露了出来。①

还应提及的是，明朝末年始，西方天主教耶稣会来中国境内传教。尽管以利玛窦为代表的一批传教士十分注意策略，他们穿中国服装，学会说中国话，研习中国传统文化，顺应中国风俗礼仪，使得天主教在中国有了较大发展。但是，两种文化之间存在差异，引起了中西礼仪的激烈冲突。清末出现了一个不容忽视的历史事实："随着西方文化进入中国，中国传统礼仪的一统天下已经不复存在。当人们对传统礼仪产生怀疑，试图抗拒的时候，就很自然地会用西方礼仪来跟中国传统礼仪作比较。另外，人们在试图改革传统礼仪并创建新礼仪的时候，也总是要到西方礼仪中去拿一些东西过来为我所用"。②

辛亥革命的成功标志着中国封建社会的结束。孙中山出任临时大总统的南京临时政府颁布了一系列法令文告，开始了对传统礼仪的改革。剪辫子是礼仪改革的先声。这是因为清军入关时曾以"留头不留发，留发不留头"的血腥政策强迫人们接受满族发式，于是随着清廷被推翻，人们便将辫子当作一种耻辱而强烈要求剪掉。不但有许多人自觉剪辫，即使一些地方的人因早已习惯了留辫子而不想剪掉时，也被政府军警以强硬手段剪掉。

---

① 冯天瑜，等.中华文化史［M］.上海：上海人民出版社，1990：905-907.
② 顾希佳.礼仪与中国文化［M］.北京：人民出版社，2001：116.

接着是易服。南京临时政府废止了清代用来体现封建等级的官爵命服、袍褂补服、翎领朝珠。服饰不再是等级的标志。一旦开放，人们完全可以凭自己的喜好来选择服饰。一时间，西服中服、汉装满装，五颜六色，花样翻新，出现了前所未有的活泼气象。这时候，一部分人以穿西服为时髦，洋货畅销，甚至排挤了国货，以至引起了孙中山的注意。他认为，西式服装"尚有未尽合者"，而合理的衣式则应该"适于卫生，便于动作，宜于经济，壮于观瞻"[①]。后来，孙中山创制并带头穿着的立领、四袋式的男式上装问世，既继承了中国传统服装又吸取了西服的若干优点，人称"中山装"。在很长一段时间里，中山装受到人们的欢迎。这在礼仪史上也是值得一提的。

再就是人们相见时的称呼和礼节。清朝人相见时通行的叩拜、相揖、请安、拱手等旧礼被废除，改为新式鞠躬礼，男子脱帽鞠躬，女子鞠躬。通用的所谓"文明仪式"是脱帽、鞠躬、握手、鼓掌、交换名片等。清朝人称呼，下对上，贱对贵，称"大人""老爷"，此时一律改称"先生""君""同志"一类，无贵贱上下之分。封建社会"男女授受不亲"，这时候大城市里的一些青年男女开始冲破这种礼教束缚，公然相伴着出现在公共场所，男女接触不避嫌疑，自由恋爱也时有所见。此外，南京临时政府在禁止女子缠足、提倡放足，以及禁娼、禁烟、禁赌等方面，也有不少强硬措施，并且取得了一定的成效。辛亥革命之后，各地还出现了毁庙反神、破除迷信的风潮，形成一定的冲击力。在城市里，一些进步人士大力提倡新式婚礼和新式

---

① 胡绳武，等.民国初年的社会风尚变化［M］//中国传统文化的再估计.上海：上海人民出版社，1987.

丧礼，礼节上删繁就简，财用方面去奢从朴，力求破除迷信，革除陋俗，这在当时也是难能可贵的。

"然而我们必须指出，在当时的历史条件下，这种礼仪改革必然存在极大的局限性。政府颁布法令文告并不困难，难就难在能否贯彻到民众之中；少数进步人士身体力行，大声疾呼，也并不等于已经唤醒了民众。在当时的广大农村，礼俗的情况实在要复杂得多。一方面，传统礼俗在中国历史上沿袭几千年，早已渗透进人们的心灵深处，形成一定的心理定式，许多人习以为常，受其毒害却不知其有毒，依旧乐此不疲。另一方面，辛亥革命之后不久，就有袁世凯称帝的闹剧上演，随之而来的军阀混战，又一次把国家民族推向灾难深重的苦海之中。底层民众忧心忡忡、忐忑不安，连基本温饱都无法得到保障，自然无法顾及礼俗的改革。凡此种种，都使得礼仪改革的步履十分沉重而艰难。"①

新文化运动对传统礼仪，乃至整个传统文化进行全面反思，带来了新的气象。但是，20世纪20年代至40年代，政局动荡，战乱频繁，中华民族经受着一次次血与火的考验，除了少数知识分子依旧在思想领域中苦苦追寻真理之外，广大民众不可能有心思去思考礼仪的革新。当时，礼仪基本上处于放任自流的局面，新礼和旧礼同时存在，显得格外杂乱。这在婚丧礼仪中表现得尤其突出。如：当时江苏宜兴一带的婚礼，"自民国以来，政体虽改，而新郎之戴顶履靴者，仍属有之。然亦有喜学时髦，著大礼服，戴大礼帽，以示特别开通者。最可笑者，新郎高冠峨峨，履声橐橐，在前面视之，固俨然一新

---

① 顾希佳.礼仪与中国文化［M］.北京：人民出版社，2001：118.

人物也，讵知背后豚尾犹存，红丝辫线，坠落及地"。新郎边上的四位陪宾更有趣："有西装者，有便服者，有仍服满清时礼服者，形形色色，无奇不有。"①

中华人民共和国成立后，中国礼俗进入一个崭新的阶段，党和政府在移风易俗，建设现代礼仪方面做了大量工作，也取得了显著成效，人际关系比以往任何时代都要和谐。但自20世纪50年代后期起，礼仪建设和精神文明建设与其他领域一样，受到了"左倾"思想的严重影响和干扰，把中国人民的传统美德和许多良风美俗也一概当作"四旧"予以横扫，搞乱了人们的思想。特别是"文化大革命"时期，"四人帮"推行文化专制主义和文化虚无主义，无政府主义恶性膨胀。"人际关系极端恶化，人们的道德水准大大下降，也在礼仪的发展史上留下了一道深深的伤痕。"②

中国共产党十一届三中全会后，改革开放的大潮为现代礼仪的复兴开辟了广阔的前景。建立适合经济发展的社会秩序和社会新风尚，成为建设高度的社会主义精神文明的主要内容。1981年2月，全国总工会、共青团中央、全国妇联等九家单位联合发出了《关于开展文明礼貌活动的倡议》，号召全国人民，特别是青少年开展以"讲文明、讲礼貌、讲卫生、讲秩序、讲道德"和"心灵美、语言美、行为美、环境美"为内容的"五讲四美"文明礼貌活动。这一举措可以看作我国现代礼俗建设的里程碑。1982年2月，中共中央办公厅根据中央书记处的指示，转发中宣部《关于深入开展"五讲四美"活动的报

① 胡绳武，等.民国初年的社会风尚变化［M］//中国传统文化的再估计.上海：上海人民出版社，1987.

② 顾希佳.礼仪与中国文化［M］.北京：人民出版社，2001：121.

告》，规定每年3月为"全民礼貌月"。这一年3月1日，全国各大城市都有数万人，乃至数十万人走上街头，宣传文明礼貌，清理环境，维持交通秩序。1983年3月，中共中央成立"五讲四美三热爱"委员会，在前述"五讲四美"基础上，又加上了"热爱祖国、热爱党、热爱社会主义"的内容。从此以后，这一活动蔚然成风，遍地开花，有力地推动了现代礼俗的建设。在此基础上，诸如建设文明家庭、文明村（镇）、文明单位，提倡文明礼貌用语，提倡建设新时期的社会公德、职业道德、家庭美德，制定市民守则、乡规民约，在全国城乡开展婚礼改革、丧葬改革等移风易俗活动，也都在不同程度上取得了较好的成效。

综上所述，中国礼俗源远流长，经历了漫长的发展过程。大体说来，中国礼俗起源于原始社会时期，形成于夏商周三代，汉代进入发展完善阶段，唐朝达到鼎盛，宋代之后虽多有变化，但古代礼仪规范始终保持其基本模式。现代，特别是新中国成立后，礼俗随着时代的进步而变革、发展，但并未脱离古代礼俗的基础，只是进一步取其精华、弃其糟粕，古代礼俗仍有着深远的影响。因此，本书着重叙述中国古代礼俗。

育子礼俗

第二章

中国古代礼俗十分完备，人自生到死的全过程都伴随着一系列礼仪。下面我们就从关于刚刚来到世上的婴儿的礼俗谈起。

一、报喜

诞生是人的一生开始进入世界的大喜事，历来为人们所重视。按照传统礼俗，生育子女称为"添喜"；婴儿降生，女婿须前往岳父母家通报，称为"报喜"。报喜的方式因地域不同，略有差异。浙江地区报喜时，生男孩用红纸包毛笔一支，生女孩则附花手帕一条；也有分别送公鸡或母鸡的。陕西渭南地区是带酒一壶，上拴红绳为生男，拴红绸为生女。有的地方则带伞去岳父家，伞放在中堂桌上为生男，置于大门后为生女。另外，大多数地区报喜时要送上煮熟并染成红色的鸡蛋，生男为单数，生女为双数；而岳父母收下"喜蛋"后要加倍奉还，女婿再将这些返回的"喜蛋"分送给亲友。

二、洗三朝

婴儿出生三天最重要的礼俗是会集亲友替婴儿洗身，叫作"洗三朝"，亦称"洗三"。其用意在于洗净秽污，使其洁白入世，也可增强小儿胆量，增进小儿健康。这一礼俗唐代即已盛行，南宋孟元老的《东京梦华录》更有具体记载，且在中国部分地区一直流行至今。

据胡朴安编《中华全国风俗志·京兆》①记载：北京地区"洗三"的当天，必请接生婆到家，款待酒食，然后由家人在产房外厅供上碧霞元君、催生娘娘、痘疹娘娘、眼光娘娘等13位神祇。产妇炕头则供床公床母像，以点心或油糕为供品。上香叩头后，便将用槐条、艾叶熬过的水倒入铜盆摆上炕，旁边放凉水一碗和染上红色的各种果品（如花生、枣、栗子、桂圆、鸡蛋等）一盘，还有一个盘子盛肥皂、明矾、胭脂、糖、白布、秤权、锁等。这时家人亲友按长幼依次往盆中添凉水、果品和铜钱，名曰"添盆"。添盆时，接生婆在旁唱祝词，如添水，唱"长流水，聪明伶俐"；如扔果，唱"早儿立子""桂元桂元，连中三元"等。添盆毕，接生婆开始洗小儿。小儿哭，称为"响盆"。洗时，接生婆边洗边念祝词："先洗头，做王侯；后洗腰，一辈更比一辈高；洗洗蛋，做知县；洗洗沟，做知州。"随后，接生婆点着艾叶球儿，用生姜片作托，象征性地在婴儿脑门上灸一下，再在肚脐处敷以烧过的明矾末。梳头打扮时也有祝词："三梳子，两拢子，长大戴个红顶子（指做官）；左描眉，右打鬓，寻个媳

---

① 胡朴安. 中华全国风俗志［M］. 上海：上海广益书局，1923.

妇（或女婿）准四衬。"此外，还有一些其他表达祝愿的礼俗。如：用鸡蛋滚婴儿脸，谓"一生无险"；用葱打三下，谓"聪明伶俐"；拿秤权和锁比画几下，谓"秤权虽小压千斤"，"长大后头紧、脚紧、手紧"。还要把婴儿放在茶盘上，以准备好的金银锞子、首饰等往婴儿身上掖，谓："左掖金，右掖银，花不了赏下人"。最后，焚化神祇牌位，"洗三"仪式方告结束。"洗三"过程中的祝词，基本表达的是希望婴儿将来有所作为的意愿。

三、做满月

婴儿出生满一个月，要为其举行庆贺礼，称为"做满月"。做满月起源较早，《魏书·汲固传》中即有"做满月"的记载，唐高宗也曾因其子满月而"赐酺（pú，聚众饮酒）三日"。做满月必须设祭享祀神祖，举办酒筵宴请亲友，其酒称为"满月酒"，还要向邻舍分送喜面及其他食品。这一天，亲朋来贺必带礼物。俗谚云："姑姑家的帽子，姨姨家的鞋，老娘（外婆）家的铺盖搬将来。"帽子或鞋还要饰以寿星、狗头、虎头等图样。除衣物外，还有送食品、小车、摇篮、长命线等礼物的。

在做满月的礼俗中，有一项重要的内容是为婴儿剃"满月头"，仪式严肃而隆重，但各地对执剪者要求不一。浙江绍兴是请剃头师傅剪发，剪前先将一把嚼碎的茶叶抹到小儿头上，说是日后不生疮，长出的黑发如茶树般浓密。剃头时，小儿由祖父或亲友中有福分的抱在怀里。抱小儿者脚下须踩着用红布或红纸包着的葱、芸豆、斧子，取

"聪、运、福"之意。待剃发毕，小儿父亲将葱和芸豆种入地下。葱和芸豆生命力极其旺盛，亦寓意小儿会健康成长。满月头发型一般是头顶留一小圈儿头发，其余全部剃光；但也有在脑后留一块铜钱大小的头发的，称为"孝顺毛"。剃下的胎发不能随便处置。杭州人习惯把胎发挂在堂屋高处，有的挂在床檐正中。小儿落发后，家长要设案祭神，给小儿穿戴一新，抱着走街串户，叫作"兜喜神圈"。这样做的用意在于使小儿见世面，《东京梦华录》称为"移窠"（kē）。

四、命名

幼儿出生三个月或满月百日后，要由父亲命名，并十分郑重地举行命名仪式。据《礼记·内则》记载：命名当天，全家男女都要早早起来，沐浴更衣，准备饮食。母亲抱婴儿出房后，父亲执着婴儿右手为其命名。然后，将孩子交给保姆，保姆把幼儿名告诉诸妇诸母，再告诉管家，由管家告诉其他男人。接着，详细记下孩子诞生于某年某月某日，并转告闾史（闾里小官吏）。闾史将孩子姓名及出生日期书写两份，一份存于闾府，一份则上交州府收藏。命名的仪式表示家族及社会增加了一位新成员。从此，幼儿便有了自己的称号。

至于所命之名，最初常体现对自然万物的崇拜，如天寿、天威、天泽等，后来多在名中加入长辈的祝愿，如祥子、福子、如意等。通常，男子用名多为福、禄、寿、喜、富、贵、财、康、德、才、仁、文、士、杰、世、光等，女子用名则有很具代表性的《女子起名歌》："凤莲巧女俊，媛娟娇妹嫸（jǐn）。玉兰桂花香，玲珊瑞珠珍。芙蓉莉芝萍，鸾凤春秋清。双姬娥妍娣，英芳芬翠芹。素梅淑慧敏，秀华惠月琴。彩霞云景红，美丽昭君贞。"此外，一般男孩子命名还要排辈分，即：同辈堂兄弟的名字都要嵌一个相同的字，这样就使其长幼次序一目了然。

五、抓周

到了幼儿周岁，则有"抓周"的礼俗，父母会在这一天预测其将来的志向及爱好。据北齐颜之推的《颜氏家训》记载：孩子满周岁时，为其沐浴、打扮，换上新衣服。然后，在幼儿面前放置弓箭、纸笔、食品、珍宝、玩具等。若是女孩，还要加上刀尺、针线等。大人不加任何诱导，看幼儿抓取什么东西，以此预测其将来的贪廉愚智和兴趣爱好。时人称这一礼俗为"试儿"，《东京梦华录》称为"试晬（zuì）"。古典文学名著《红楼梦》第二回就有贾宝玉抓周的情节：宝玉周岁时，贾府"将世上所有的东西，摆了无数叫他抓，谁知他一概不取，伸手只把些脂粉钗环抓来玩弄"，其父贾政气得说他将来必为酒色之徒。抓周试儿实为一种迷信礼俗，并无科学道理，但古代社会视之为"小儿之盛礼"（《东京梦华录》卷五），广为流行。

六、家教

在中国古代，小孩童年全靠父母对其进行家庭教育。《礼记·内则》对于教子就有很具体的要求，但教子内容主要限于生活和礼仪方面，后来逐步加入文化知识的传授。宋代司马光曾制定《居家杂仪》，规定：儿子初生时，如果要为他们请乳母，必须选择品行端正、温文谨慎的良家妇女，否则会对孩子的品行产生不良影响。儿子能吃饭时，鼓励他们自己动手，并教他们如何用右手拿筷子。儿子会说话以后，教他们认识自己的姓名、唱喏（rě）等；稍懂点事儿，就给他们讲恭敬长上的道理；若发现他们不辨尊卑长幼，说话没大没小，就立刻加以训斥，不要纵容。六岁，教他们数数和方位。七岁，教他们男女不同席、不共食的规则，并让他们开始读《孝经》《论语》。七岁以下的孩子统称孺子，早睡晚起，饮食无时，都是允许的。八岁以后，出门入户，即席吃饭，必须懂得谦让长者，并由父母教他们读《尚书》。九岁，读《春秋》及诸史，父母要耐心地给他们讲解，使他们通晓其中的"义理"。十岁以后，他们才可以外出投师，并被允许在外面住宿。

家教的内容在不同的时代、不同的家庭存在差异，但尊敬长上的礼法教育则是共同的，且日趋严格。据徐珂的《清稗类钞》记载："八旗之家庭教育于礼法最严。"子弟早晚都要给长辈请安，而且"皆侍立，命之坐，不敢坐；所命，耸听不敢怠；不命之退，不敢退"。如在路上遇到前辈兄长，则"拱手立于旁"，等待长上过去后才可行走。这种循规蹈矩的教育，有压抑儿童个性的消极面。但是，如若不分贵贱地尊重所有长者，则也有其合理因素。据《清稗类钞》记载：以诗书画三绝著称的郑板桥训诫其子，对佃户也"必须待之以礼"，这在等级森严的专制社会实在是难能可贵的。

七、拜师

按《礼记·内则》规定，儿童十岁时出门拜师求学，不论是进私塾，还是入庠（xiáng）序等学府，都要行拜师礼。先秦时期，初次拜见老师以"束脩"（十条干肉）作为礼物，并举行相应的拜见礼节，以表达敬意。后来，儿童求学的年龄大多提前到七八岁，给老师的见面礼不再限于干肉，但人们仍然把送给老师的酬劳称为"束脩"。拜师仪式也一直延续下来，只不过因儿童家庭的地位及经济状况不同，仪式之繁简有所差异而已。

古代的官宦家庭虽然在家教阶段即给儿童传授了一些文化知识，但是真正意义上的学业还是从正式拜师开始的。第一位老师对儿童承担着启蒙的责任，习惯上称为蒙师。拜见蒙师的仪式又称发蒙礼，历来受到重视，一般较为隆重。在江浙一带，发蒙礼必选择吉日举行。是日，要在中堂上摆列发蒙学童外婆家送的发菜、汤圆、猪肝、小鲤鱼等十味，分盛十碗，叫作"十魁"，请蒙师的老学生前来与蒙童共食。食毕，发蒙学童即在红毡毯上向蒙师行跪拜礼。然后，蒙师手把手地教蒙童执笔描写已印好的"上大人"三字。写毕，蒙师在这三个字上加圈表示肯定，蒙童再行跪拜礼示谢，并且呈上钱物等拜师礼物，以表恭敬。之后，家长设宴款待蒙师，宴毕再按照礼节送蒙师出堂。蒙师离开后，蒙童还要在家长的带领下拜见长辈亲友，接受他们馈赠的"发蒙钱"，外婆家所送的状元片、福寿糕等要分发给同学，所送纸做的魁星和状元则由蒙童保存。至此，发蒙礼才算结束。

古代的拜师礼适用于所有师生关系，不仅普通学生，皇太子也不例外。按照礼仪规定，皇太子初入学，拜见老师的程序及要求与州学、县学的拜师礼是相同的。

拜师的礼俗反映了对授业解惑之老师的尊敬，是中华民族的优良传统之一。入学之后则强调敬师，在行为规范上要求：遇见老师，必得作揖行礼；老师提问，必起立回答；向老师提问，要举手；老师坐着时，学生应该侍立一旁；老师站着时，学生就不可以坐着；老师在场，学生不可高谈阔论，等等。古代许多家训、家诫中也都强调要尊敬老师，视师如父。所谓："一日为师，终身为父。"过去甚至还有"不敬先生，天诛地灭"的俗语。

当然，我们也应看到，古代强调师道尊严有些方面走向了极端。如：古人强调继承师法，不许学生标新立异。如果学生在学问的探索上提出与老师不同的见解，甚至另立门户，则被认为大逆不道。这在很大程度上束缚了人们的创新精神，成为时代进步的障碍。这是应引以为戒的。

成年礼俗

第三章

据学者研究，原始社会氏族部落的男女青年到了成熟期，必须举行一定的成丁仪式，才能成为氏族公社的正式成员。这种成丁礼到阶级社会逐渐演变为冠礼和笄（jī）礼。

一、冠礼

冠礼是古代男子成年时举行加冠的礼仪。据《礼书》记载，古代一般男子20岁行冠礼。但周朝天子比较特殊，往往12岁至15岁就举行冠礼。如："文王年十二而冠，成王十五而冠。"（《通志·礼略》）冠礼是在祖庙之中进行的，这反映了冠礼是一项极为隆重的礼节。而主持这一仪式的，大都是受冠者的父亲，但也有长兄为小弟主持冠礼的。冠礼之前，要先"筮（shì）日筮宾"，即：通过卜筮来确定举行冠礼的吉日和为青年加冠的"宾"。古人对冠礼为什么如此重视呢？《礼记·冠义》指出："敬冠事所以重礼，重礼所以为国本也。"在古人看来，冠礼是对一个人进行礼仪教育的重要环节，冠礼抓好了，也就抓住了"君臣正，父子亲，长幼和，而后礼义立"（《礼记·冠义》）这个治国的基本准则。所以，古人对冠礼的时间、地点和加冠者的选择都十分慎重。

到了加冠之日，受冠者的父亲先在其祖庙阼（zuò）阶偏北的位置设好受冠者的席位。所谓"阼阶"，就是东阶，为主人接待宾客之位。"嫡子冠于阼"，就表明从此以后受冠者有了代替父亲接待宾客的权利。加冠仪式开始，受冠者从东房出来就受冠席，并由辅助加冠的来宾为其梳头、挽髻、加簪、著缅（xǐ）。发髻挽成后，即由来宾中事先卜筮选定的加冠者给受冠青年戴冠。冠是贵族所戴的普通帽子，但和后来的帽子形制很不一样。冠不像现代的帽子那样把头顶全部罩住，而是有个冠圈套在发髻上，上面有一根不太宽的冠梁，从前到后覆在头顶。冠的作用主要是把头发束住，同时也是一种装饰。古人以冠名服，戴不同的冠要配上相应的衣服，所以冠礼虽然名为加冠，其实每加一种冠也要更换一次衣服。

加冠一般加三次。首先，加缁（zī）布冠（用黑麻布做成的帽子），表示不忘本，或说表示受冠者从此可以治人、治家。其次，加皮弁冠（用几块白鹿皮缀合制成的帽子），表示从此要服兵役。最后，加爵弁冠，这是一种仅次于冕的帽子，这种冠一般宽0.8尺，长1.2尺，前小后大，其色红中带黑，多用极细的葛布或丝帛做成。爵弁冠形如爵（古代酒器），爵又似雀，故又名雀弁冠。这种冠是士助君祭祀时的服饰，加此冠表示受冠者从此就有了参加祭祀的权利。以上所说是一般士人的冠礼，其冠为三加。如果是诸侯的冠礼，其冠则为四加，即：在士冠礼三加的基础上，再加玄冕。玄冕是诸侯祭祀林、泽、坟、衍及四方百物的冠冕。若是天子的冠礼，其冠则为五加，即：在诸侯冠礼四加的基础上，再加衮（gǔn）冕。衮冕是天子祭祀先王所戴的冠冕。

加冠完毕，以酒向受冠青年祝贺。然后，受冠者由西阶下，去拜见母亲，之后回到西阶以东，由负责加冠的来宾给他授字。字就是表字，是举行冠礼时由亲友根据其名的字义另取的别名。为什么要取字呢？因为名是由父亲起的，主要用于幼年；成人后，别人不宜直呼其名，所以得另取字。字与名有意义上的联系，通常解释名的性质和含义，所以也叫"表德"。取字以后，受冠者换上玄色的礼帽礼服，拜见兄弟姑姊，及君、卿、大夫、乡先生（**退休居乡的官员**）等。种种拜见都是要表明受冠者已是成人，可以出仕做官、成家立业、生儿育女了。

冠礼是人生礼俗中的一项盛典，历代都很重视。秦汉以来，虽在个别仪节上略有变化，如加冠次数也有一加、二加的情况，皇太子有时在太极殿加冠，但冠礼的形式长期保留下来，一直流行于中国古代社会。

二、笄礼

与冠礼相对应，古代女子满15岁要举行笄礼。笄，也就是簪子。行笄礼时，女子要改变幼年时期的发式，把头发挽成一个髻，然后用缁把发髻包住，再用笄插定发髻。笄礼的主持者是女性家长，负责加笄的是女宾或童宾。在盘头插簪后，受笄女子要先拜祖先，再拜父母。最后，母亲为其醮酒，申明戒辞戒规，教导其敬奉舅姑（公婆）、尊敬长辈的礼节。

据《仪礼·士昏（婚）礼》载："女子许嫁，笄而醴之，称字。"可见，女子举行笄礼时也要取字，之后就可以出嫁了，其意义与冠礼相同，也是一种表示成人的仪式。不过，据考察，古代社会后期的女子大抵无字，看来女子"称字"的礼俗在古代并未推行开。

另外，后来女子笄礼不限于恰在15岁举行，而是往往在女子临出嫁前加笄。届时，由一位多子多孙的老妇为其修额，用细丝线绞除脸部的汗毛，洗脸沐发，挽髻加簪。然后，女子拜祖宗及父母，父母再对其进行教诲。

婚姻礼俗

冠礼之后，紧接着的人生重大礼仪就是婚礼。《礼记·昏义》说："昏礼者，礼之本也。"婚姻礼俗涉及每一个人，也深刻地反映了古代社会生活的许多方面。因此，在叙述婚姻礼仪之前，先应简略地谈及婚姻形态和婚姻形式。

一、婚姻形态的演变

在一夫一妻制正式确立之前，中国古代的婚姻制度曾历经原始群婚、血族群婚、亚血族婚、对偶婚等多种形态。

原始群婚，是指在原始人群中，其婚姻关系完全受生理需求与感情共鸣的支配，处于"男女杂游，不媒不娉"的原始状态，其性生活极为自由，甚至包括亲（父母）子（子女）间的性关系。这种状况大约一直延续到公元前18 000年的旧石器时代后期。

血族群婚是一种受到年龄等级限制的杂交婚。这种形态虽然禁止亲子通婚，排除了祖辈与子孙的婚姻关系，但仍保留着兄弟姐妹之间的两性关系。这一婚姻形式在新石器时代初期盛行，距今约10 000年。

亚血族婚，排除了兄弟姐妹为配偶，而是与不同氏族（姓）之间互相通婚。这是人类社会进入母系氏族社会后实行的。与社会发展阶段相适应的氏族外婚制，盛行于距今约5000年前的新石器时代中后期。

对偶婚产生于母系氏族社会的鼎盛时代。这种婚制通常一男一女结为配偶，但两性的结合并不巩固，而往往是一个男子在许多女子中有一主妻，一个女子在众多男子中有一主夫。其中，女子处于主导地位，世系按母系计算。对偶婚是一种介于群婚与一夫一妻制之间的过渡性婚姻形态。随着父系氏族社会逐渐确立，男子逐步居于支配地位，他们不仅控制了氏族社会的一切特权，也控制了他们的妻子和子女。这就打破了母系社会的婚姻秩序，实现了由从妻居到从夫居的过渡，一夫一妻制便产生了。

一夫一妻制是自父系氏族社会开始实行并延续至今的个体婚姻制度。在这一婚姻形式中，女子离开自己氏族嫁到男方，从夫居住，所生子女改由父系计算世系。夫妻死后也可以在同一氏族墓地合葬，这一点可从出土的父系氏族社会时期的大量男女合葬墓得到证实。进入阶级社会之后，随着社会文明进化程度不断提高，一夫一妻制日益巩固。在个体小家庭中，夫妻关系具有排他性，并有独立的经济基础。夫妻关系若不融洽，需要离婚，也必须履行一定的手续。一夫一妻的个体婚制是历史进步的结果。当今世界，绝大多数民族普遍实行一夫一妻的婚姻制度。

二、婚仪六礼

中国古代婚姻形式虽然多种多样，但处于主导地位的还是媒聘婚，即经过明媒正娶的婚姻形式。媒聘婚自周代起就有一整套烦琐的礼节仪式。《仪礼·士昏礼》规定，媒聘婚必须经过6道程序。这就是周代实行的婚仪六礼，具体内容及要求如下所述。

（一）纳采

纳采，即男家请媒人到女家说亲，得到女方应允后，再派使者送上雁作为礼物，正式向女家提出缔结婚姻的请求。为什么要用雁送礼呢？据说，这是因为雁是候鸟，南迁北往都有定时。古人认为，男属阳，女属阴，雁南往北来顺乎阴阳，以雁为礼，象征一对男女阴阳和顺。也有人说，雁中雌雄成双是固定的，一只死亡，另一只就不再择偶，以雁为礼象征爱情忠贞。总之，以雁为礼有较深的寓意，古往今来一直沿用。不过，行纳采礼时男方使者携带的雁并不会真正送给女家，而是由使者到女家后交给女子的父亲，使者出门时女子的父亲将雁还给使者。实际上，送雁只是借其象征意义，雁在纳采礼的进行过程中起道具的作用，并非男方送给女方的具体礼物。

（二）问名

问名，男方派遣的使者在纳采礼后询问女子生母之名，以分清女方是嫡出还是庶出，并问明女子本人名字、排行，及出生年、月、日、时等情况，以便占卜婚姻的吉凶。问名也以雁作为礼物，女家要设酒宴款待使者，然后由女子之父送使者出门。

（三）纳吉

男方得知女子之名后，即在祖庙占卜，预测婚姻是否吉顺。获得吉兆后，男方就派使者带着雁到女家报喜，叫作纳吉。行纳吉礼之后，婚约就算正式确定了。当然，如果男家在祖庙卜得凶兆，预示婚事不成，那么就无须行纳吉之礼了。

（四）纳征

纳征亦称纳成，即向女方送聘礼。纳吉之后，双方宣告正式订婚，男方要送给女家玄纁（xūn）束帛、俪（lì）皮等作为聘礼。玄纁束帛就是红黑色与浅红色的帛五匹（一束帛为五匹，故"束帛"可指代数量），其中玄三匹、纁二匹。古人认为，阳奇阴偶，这象征阴阳齐备，顺乎天地。俪皮是成对的鹿皮，有配偶成双的寓意。周代以玄纁和俪皮为聘礼，主要还是用其象征意义，后来聘礼逐步为金钱财物所取代，故纳征又称"纳财"。

（五）请期

男家经过占卜推算，选择好合婚的吉日后，依然派使者带着雁做礼物，去征求女方的同意。实际上，按照惯例，娶亲的日期都是男方决定的，"请期"只是谦辞，故后世也直接称为"告期"。

（六）亲迎

这是婚礼中最重要的仪式。到了婚期，新郎乘着黑漆车亲往女家迎娶新娘。前面有人执烛前导，后面有两辆从车及准备给新娘乘坐的车跟随。到女家后，经过装扮的新娘立于房中，新娘的父亲迎出门外，接新郎进家。这时，新郎仍以雁送给对方，行礼而出，新娘随行。然后，新郎亲自驾车，请新娘上车，再由专门的驾车人代替新郎赶车上路。新郎则乘上自己的车，快马加鞭，先到自家门外等候。新娘到达，由新郎接进家门，设宴共食，并进行规定的共牢、合卺（jǐn）礼仪。

共牢是举行婚礼时，新婚夫妇共吃祭祀后的牲（牢）的肉，象征夫妻自此以后尊卑相同。其具体仪式是：在新房西南角设席，中间摆上牛羊的肺、肝等，两边同时放有菜酱、肉酱、黍稷、猪肉等。新郎新娘东西对坐，先祭黍稷、肺，然后以肺脊蘸上菜肉酱共同食用。如此共食三次后，再行合卺礼。卺就是瓢，把一个匏（páo）瓜剖成两个瓢，新郎新娘各拿一个，用来饮酒，共饮漱三次，就叫合卺。匏瓜味苦，用其盛酒必是苦酒。所以，行合卺礼不但象征夫妇合而为一，也含有让新婚夫妇同甘共苦的意思。新郎新娘共牢、合卺后，把剩余饮食撤到另外一屋设席，女方的送亲人把新郎所剩的食物吃掉，男方的迎亲人将新娘所剩的食物吃光，这一仪式方告结束。

新房的宴席撤去后，新郎、新娘脱去礼服，新郎即亲手摘下新娘头上的缨。缨是一种丝绳，为男女确定婚姻关系的信物，女子订婚后用它束发，到成婚时才由新郎亲手解下。然后，撤除室内之烛，婚礼遂告完成。

翌日早晨，新娘要谒见舅姑。此时，新娘要沐浴整洁，身穿素衣，双手捧着内盛枣、栗、腶脩（duàn xiū）的笄（fán），行拜见礼，并将枣、栗献于舅，腶脩献于姑。然后，新娘端出牛肉、猪肉等食品，献给舅姑进餐。至此，新娘就成为男家的正式成员了。

上述六礼，周代主要在贵族士大夫阶层实行，一般庶民往往有所精简变通。但是，这六礼成为后世婚姻嫁娶礼仪的基础，其基本程式和主要仪节一直在古代社会沿用。

三、其他婚仪

周代婚仪六礼虽然成为婚姻嫁娶的蓝本，但后世又根据具体情况有所增减变更。

到东汉时期，婚礼仪式已大多不能严格遵守六礼。一方面，统治阶级奢侈豪华，日益讲求财物的丰盛，百官仅纳采就要用玄、羊、雁、清酒、白酒、粳米、稷米等30种礼物。另一方面，民间嫁娶由于战乱和贫困，经常草草成亲，实际上已无仪式可言。正如《通典》卷五九所载："以纱縠（hú）蒙女首，而夫氏发（揭开）之，因拜舅姑，便成妇道。"在这场婚礼中，仅仅用巾帕将新娘头脸蒙住，新郎揭开，再拜见公婆，即已成婚，确实太简单了。但这一蒙头成亲的形式被后世沿用，通常娶亲时新娘用红帕盖头，进洞房后才由新郎揭开。由于古代社会婚姻由父母包办，往往揭开盖头之时新婚夫妇方互识对方真面目，因此也上演了许多婚姻悲剧。《红楼梦》中宝玉结婚那场偷梁换柱的把戏，正是在三尺见方的盖头巾下面演就的。

魏晋南北朝时期政局混乱，战乱迭起，儒学礼教受到很大冲击。至隋唐一统天下，礼仪才重又兴旺，但也多有变革。唐宋时期曾以政府名义提出简化六礼。宋代规定："士庶人婚礼，并问名于纳采，并请期于纳成。"（《宋史·礼志》）可见，宋代只保留纳采、纳吉、纳成（纳征）与亲迎四个程序，但是在具体仪节上有所发展，程式更为烦琐，增加了许多新的婚姻礼仪风俗。

首先，出现了相亲的婚俗，即男家要相看媳妇。宋代一般是男家择日备酒礼，派一位女性亲人为代表到女家相亲。也有的双方家长带着子女在园圃、湖舫等场所，两亲相见。如新人中意，便在姑娘发髻上插入金钗，叫作"插钗"；若不中意，则送女家彩缎一匹，谓之"压惊"。

其次，迎亲前一日或数日，男家要送些冠帔（pèi）、花粉之类的物品供女方打扮用，称为"催妆"。唐宋时期还盛行以诗乐催妆，故留下许多催妆诗，对这一风俗进行了具体描述。如唐代徐安期的诗《催妆》云："传闻烛下调红粉，明镜台前别作春。不须面上浑妆却，留著双眉待画人。"把新娘坐在花烛前，面对明镜，小心翼翼地化妆的情景描绘得真真切切。同时，女家也要派人带着帐幔、被褥之类的东西把新房装饰一新，谓之"铺房"。

再次，娶亲的花车到宋代已逐步被花轿所代替，并为后世沿用。花轿抬到男家院门口时，有人拦着要吉利钱，讨喜酒吃，称为"拦门"。此时，男家要以布袋或毡、席等铺地，让新娘踏着入门，称为"传席"，其意谓不履贫（平）地。有的将走过的布袋或毡、席不断传至前面，取"传宗接代"之意，故又称"传代"。唐代白居易曾在《和春深二十首》（其十八）中描述此事："何处春深好，春深嫁女家。……青衣传毡褥，锦绣一条斜。"新娘下轿进门时，还有人手拿花斗，盛上谷物、豆子、铜钱、彩果、草节等，一边念咒文一边望门而撒，小孩争着拾取，称为"撒谷豆"。据说，这是为了赶走守在门口的青羊、乌鸡、青牛等三煞神，以求吉利太平。这种仪式汉代即已出现，但唐宋时期方形成风俗。与撒谷豆类似，后来有的地区流行撒草作歌的礼俗。新娘下轿时，有专人一面撒草节一面唱歌："今日新人远降来，喜神福神两边排，开门两厢皆为吉，今请新人下轿来。"然后，撒草人会递给新娘一个花瓶，接着唱道："花瓶本是圣人留，轩辕黄帝起根由，今日落在新人手，富贵荣华万万秋。"在新娘进院前行时，撒草人紧跟其后，随路边撒草并歌曰："一撒如花似锦，二撒金玉满堂，三撒咸亨庆会，四撒华阁兰堂，五撒夫命富贵，六撒永远吉昌，七撒安康福寿，八撒子孙兴旺，九撒凶神远避，十撒八大吉祥。"接着，新娘还要在内室门槛上"跨马鞍"。"鞍"与"安"同音，这一仪节含有"平安"的寓意。另外，有的地区新郎当晚要身穿绿色公服，头戴簪上花和胜（头饰）的幞（fú）头，在中堂登上一只置于榻上的椅子，称为"上高座"。新郎在饮过媒人、姨、姑等人的贺酒后才能下高座归房。这是来源于北方游牧民族的婚俗，盛行于五代时期，宋代之后失传。

又次，宋代民间还流行"拜先灵"的礼俗。新娘进入男家前，男家在影堂（摆祖先画像的地方）中设香、酒、菜肴等，舅姑穿起盛装，站在堂上，一东一西相对而立，赞引者把一对新人带到阶下或堂前，主持人进入堂中焚香，跪着酹酒、俯伏，然后起立。接着，祝者跪下宣读："某（新郎名）以今月吉日，迎妇某（新娘名）婚，事见祖祢（mí）。"祝者起立后，主持人再拜，礼毕。司马光说："古无此礼，今谓之'拜先灵'，亦不可废也。"（《书仪·亲迎》）

最后，唐宋时期增加了"牵巾"的礼节。新郎、新娘拜堂时，男女两家各出一条彩缎，打成同心结，表示新婚夫妻将结为一体，恩爱同心。新郎用笏（hù）板挂住一端，新娘将另一端搭在手上，两人相对，新郎倒行而出，先去家庙参拜，接着新娘倒行，然后两人牵巾入洞房行交拜礼。此外，原来的"脱缨"也为"合髻"仪式所替代。合髻是新婚男女进入洞房后，各剪下一缕头发，绾（wǎn）成同心结式样的"髻"，作为信物。唐代女子晁采曾作《子夜歌》描写合髻："侬既剪云鬟，郎亦分丝发。觅向无人处，绾作同心结。"合髻仪式在唐宋时期颇为盛行，以至"公卿之家，颇遵用之"（《新五代史·刘岳传》）。而"合卺"仪式也演变为喝交杯酒，即：把两个酒杯用彩结相连，夫妻对饮。喝完交杯酒后，新人将双杯掷于床下，如果一仰一合，"俗云大吉，则众喜贺"（《东京梦华录》）。这象征着天覆地载，男俯女仰，阴阳和谐，婚姻美满。

元明时期的婚仪大多按《朱子家礼》规定的仪式行事，主要有纳采、纳成和亲迎三项。清代婚礼则融入满族婚俗的内容，主要有相看、插戴（订婚）、过礼（互送聘礼和嫁妆）、婚礼、回门等程序。其中，也有一些新的仪节。如：亲迎之日，洞房前面的地上放一个火盆，喜轿须抬着新娘从火盆上经过。据说，这是为了避邪。喜轿到洞房时，新郎手里拿着弓箭向密闭轿帘的轿门底部连射三箭。这是要赶走跟着喜轿来的鬼怪。喝完交杯酒后，新郎新娘还要吃"子孙饽饽"。这是一种煮得半生不熟的饺子，新娘吃时有人问"生不生"，新娘必须回答"生"，以此表示能生育后代。

另外，皇家婚礼历代均沿用"六礼"的基本程序，但封建帝王要显示其超乎常人的尊贵和奢华，也就有了一些特殊的地方：其一，皇帝纳后不用媒人，而是任命高官为纳后使节，到皇帝本人和皇族尊长预先选定的皇后家行纳采礼。唐代礼节规定，太尉担任纳后使节，宗正卿为副使。这是皇帝有别于常人的一个方面。其二，迎皇后入宫前必须举行册立皇后的仪式。按唐礼，皇帝派使节、尚宫、尚服（**东宫女官**）及其随从，带着制服、宝玺、服饰等来到皇后家。首先，尚宫宣读立后制册，并将制册授予皇后。接着，尚服捧着宝玺和服饰授予皇后。经过册封，皇后地位就正式确立了。其三，亲迎礼规定，新郎必须亲自迎接新娘，但皇帝纳后则改为遣使奉迎，这反映了皇帝的至尊地位。按照清代礼仪，大婚之日，皇帝穿礼服乘舆出宫，先到慈宁宫向皇太后行礼，然后到太和殿升御座，派遣使者出发奉迎皇后入宫。迎亲队伍到皇后家行册立礼后，簇拥着皇后的凤舆返回，经大清门进宫。按清朝定制，此门除皇太后、皇帝可以随时出入外，任何臣民不得擅行，皇后也只有在大婚之日有从此门进入紫禁城的荣耀。凤舆到太和殿或乾清宫后，皇后下轿，正副使臣便完成任务离去。然后，内监、导从命妇伴随、共拥皇后步行到交泰殿。在这里，恭侍命妇接替导从命妇奉迎皇后，皇后改乘八抬孔雀顶轿入中宫——坤宁宫，等候与皇帝行成亲礼。之后，皇帝到坤宁宫，两位新人行合卺礼，饮交杯酒，大婚即告成。

清朝光绪帝《大婚图》中太和殿前的卤簿

日常礼俗

古代社会的等级与礼节不仅表现在重大典礼中，也渗透到日常生活的各个方面。在生活方式上，古人要做到："衣服有制，宫室有度，人徒有数，丧祭械用，皆有等宜。"（《荀子·王制》）也就是说，每个社会成员从穿衣、饮食到起居、言谈，都必须按照等级身份遵循一定的礼仪。

一、宫室座次

先秦时期，人的住宅可以统称为宫或室，二者是同义词。若区别开来，宫为总名，指整所住房，也包括环绕住房的围墙；而室只是其中的一个居住单位，即指住室。秦汉之后，"宫"才变成帝王住所的专称。

据相关文献记载：西周和春秋战国时期的宫室等建筑一般正面朝南，住宅前面是门，门外（**有的在门内**）有屏，又叫萧墙，即现在的照壁。屏内是住宅本体，所以后人称内讧为"萧墙之祸"。贵族的大门一般是三开间，当中是明间，为门，左右的暗间称塾。过去称儿童读书的地方为私塾，就是因为当初老师在塾中教学。门内为庭（或作"廷"），即院子。君王的庭中是群臣朝见君主的地方，所以又叫朝，后人称为朝廷。庭都较大，里面要植树。据《周礼·秋官·朝士》，宫廷左右各植九棘（枣树），南面植三槐（槐树），作为王公大臣列位的标志。君主及贵族的庭中还设火炬，叫作庭燎。据《大戴礼记》："天子百燎，公五十，侯伯子男三十。"可见，庭燎设置也是按等级规定的。除了照明外，庭燎还是接待来宾的一种礼仪陈设。

宫室建筑的主体由堂、室及房组成，均建于高台上。堂位于住室之前，东、北、西三面有墙，东墙叫作东序，西墙叫作西序。堂南边临庭大开，与今天的戏台相似，里面有两根柱子，分别称为东楹、西楹。后人所说的"楹联"就是因对联贴在楹柱上而得名。堂是平时活动、行礼、待客的地方。堂前有两级阶梯，分别称为东阶、西阶。东阶为主人行走之用，而西阶则供宾客行走。《史记·魏公子列传》载：战国时期，魏公子无忌窃符救赵，解邯郸之围，赵王亲自在堂前迎接他，"执主人之礼，引公子就西阶"。而魏无忌认为，偷窃兵符夺晋鄙兵权，有负于魏国，"自言罪过"，所以他"侧行辞让，从东阶上"，以此自贬身份。这一记载具体反映了东西两阶的差别。古代来宾于庭堂站立的位置也有严格规定。一般说来，尊者在堂，卑者在庭。《韩诗外传》卷五载："楚成王读书于殿（堂）上，而轮扁在下。"轮扁是匠人，地位卑下，自然不得升堂，只能站于堂下。至于可以登堂的宾客，以坐北向南为尊，主人一般在东序向西而坐。

堂后是室，有户（**室门**）相通。要进室必须先升堂，要升堂必须登阶而上，所以就有了"登堂入室"的说法。室与堂之间还有窗子，叫作牖（yǒu）。户偏东，牖偏西。室的北墙也有一扇窗子，叫作向。室的两旁若再盖房子，叫作房（**近似后来的耳房**）。室内的四角（**隅**）都有专名："西南隅谓之奥，西北隅谓之屋漏，东北隅谓之宧（yí），东南隅谓之窔（yào）。"（《**尔雅·释宫**》）四角中以奥为最尊，是室内祭祀之处。室内如有礼节性活动，座次也有明显的尊卑之分。室内座次以西边（**面向东**）为最尊，其次为坐北朝南，再次为坐南朝北，东边的位置最卑。《史记·项羽本纪》记载了项羽在军帐中设"鸿门宴"的座次，与室内的尊卑次序是完全一致的："项王、项伯东向坐，亚父南向坐。亚父者，范增也。沛公北向坐，张良西向侍。"项羽妄自尊大，当然要居最尊贵的座位。项伯是项羽的叔父，项羽不能让叔父坐在低于自己的位置，只好让他和自己同坐。范增南向坐，而刘邦北向坐，说明刘邦在项羽眼里的地位还不如谋士范增。张良是刘邦的下属，地位当然更低，只能坐在东边。这种以座位次序显示尊卑高下的礼俗，普及古代社会的各个阶层，一直流传下来，沿袭到近现代。

秦汉以来，封建帝王大修宫殿，高官显贵也大兴土木，宫室结构更加复杂宏大，等级观念也日益得到强化，以至后来对建筑的规模，大至房屋的间数、高度，小至装饰纹样、色彩，均根据主人身份的等级高低做出了明文规定。如：在清代，官民所住房屋，除楼房外，都不能用双拱重檐，以免与皇宫的重檐建筑相混。一二品官员的住宅，规定厅房七间九架，屋脊许用花样兽吻，梁栋饰彩色，堂屋三间五架，门用绿油兽面铜环；三品至五品官员，厅房五间七架，许用兽吻，梁栋可用青碧绘饰，堂屋三间三架，门用黑油兽面摆动锡环；六品至九品，厅房三间七架，梁栋只用土黄色刷饰，堂屋一间三架，门用黑油铁环。平民百姓的房屋，一共不得超过三间五架，也不得用斗拱彩色雕饰（《大清律例·礼律·仪制》）。如有僭越，就被认为违礼，甚至会受到法律制裁。

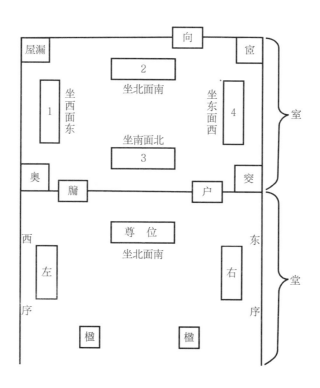

古代堂室结构及方位尊卑示意图

（1、2、3、4分别为室中座次尊卑次序，堂中左右座次的尊卑在各代有所变化）

二、坐立行走

席地而坐是古人的起居习俗，由来已久，远在商周时期既已如此。这一习俗延续时间也很长，至少一直延续到唐代。所谓席地而坐，就是在地上铺张席子坐在上面。席又分为"筵"与"席"两种。筵（yán）是竹席，形制较大，铺设筵是为了隔开土地，使地面清洁，故只铺一层。室内铺满筵，整洁美观，人们进室内要先脱鞋，以免将污泥尘土带入室内，踏脏铺筵。这就形成一种礼节，人在室内是不应穿鞋的。《吕氏春秋·至忠篇》载：春秋时期，有一次，齐王生病，名医文挚用激怒他的方法为其治病，不脱鞋即进室就是其中重要的一项。结果，齐王见文挚"不解屦（jù）"进室，"登床，履王衣"，勃然大怒，下令将文挚活活烹死了。这件事反映了脱鞋之礼的重要性。不仅要脱鞋，古人为了表示对主人的尊重，入室时连袜子也不能穿。《左传·哀公二十五年》载：有一次，卫侯与大夫饮酒时，褚师声子穿着袜子就登上席子，卫侯大怒。褚师声子连忙解释，说他脚上有疮，君王看到会恶心呕吐的，因此他不敢脱袜。卫侯更生气了，虽然诸大夫纷纷劝解，卫侯仍然认为这是对他本人不恭，是绝对不许的。直到褚师声子无奈退出，卫侯还把手叉在腰上愤愤不平，表示一定要砍断褚师声子的脚。这说明古人对入室脱袜的礼节十分看重。

狭义的席一般用蒲草编制，呈长方形，置于筵上，是为了隔潮而垫坐在身下，故可垫多重席。《礼记·礼器》曰："天子之席五重，诸侯之席三重，大夫之席再（两）重。"贫苦人家可以不铺席。对于贵族来说，居必有席，否则就是违礼。坐席也有许多讲究。如：《礼记》规定，父子不同席，男女不同席，有丧者专席而坐。如果已经坐在席上，对尊者自表谦卑就要让席。另外，古人还要求"席不正不坐"。（《论语·乡党》）所谓"正"，是指席子的四边应与墙壁平行。强调席正，是为了表示庄重。《礼记·曲礼上》规定："为人子者，居不主奥，坐不中席，行不中道，立不中门。"古代一席坐四人，共坐时席端为尊者之位，独坐时则以中为尊，故卑者不能居中，既为人子（尚未自立门户者），即使独坐也只能靠边坐。如果有五人以上相聚，则应把长者安排在另外的席上，称为"异席"。

古人坐的姿势是两膝着地，两脚脚背朝下，臀部落在脚踵上。如臀部抬起上身挺直，就叫跽，又称长跪，是将要站起来的准备姿势，也是对别人表示尊敬的坐姿。《论语·先进》载：曾皙见到老师孔子时，"舍瑟而作"。也就是说，曾皙见到老师孔子时立即放下瑟，从席地而坐改为耸身直腰而坐（与长跪姿势相同），以示恭敬。古人还有一种极随便的坐法，叫作箕踞（jī jù）。箕踞的姿势为两脚张开，两膝微曲，上身与腿成直角，形似簸箕。如果有他人在场而取箕踞的坐姿，就对对方极不尊重。《史记·刺客列传》载：荆轲刺秦王未遂后，"自知事不就，倚柱而笑，箕踞以骂"，反映了荆轲对秦王的傲视。所以，古人一般要求"坐毋箕"[《礼记·曲礼（上）》]。

唐宋之后，桌椅开始进入人们的生活，席地起居的习惯逐渐改变。但是，直到宋代，桌椅的流行在上层社会还有颇大的阻力。据陆游的《老学庵笔记》卷四记载："徐敦立言：往时士大夫家妇女坐椅子、兀子，则人皆讥笑其无法度……"可见，北宋士大夫家里的妇女不得坐椅子，否则即被视为不懂规矩。

古人对站姿要求有"立如齐""立勿跛""立不中门"[《礼记·曲礼（上）》]。也就是说，古人站立时必须不跛不倚，取立正姿势，而且不能站在门中间。如果要接受别人送的礼物，必须站着接礼物，以示尊重。至于走路的姿势，古人的规矩更多。《礼记·曲礼（上）》曰："堂上接武，堂下布武。室中不翔……""武"即足迹，"接武"指向前迈的那只脚紧挨着另一只脚落地，即脚印一个接一个地慢慢走；"布"即散布、分布，"布武"指足迹不相接。堂上面积小，走路不能迈大步；堂下地方大，不必有所顾虑。"翔"的本义是飞翔，这里用作比喻，意思是说，在室内走路时，双臂的摆动幅度要小，不要像飞鸟那样挥动双臂。这也是因为室内空间小，"翔"则会碰到别人。这些礼俗最初来源于生活，和室内、堂上、堂下的空间大小相适应。

在一些特定场合，卑者、贱者、晚辈、主人要按照礼法规定，以"趋"的走姿，即快步行走的方式向尊者、贵者、长辈或宾客表示恭敬。《论语·乡党》载：有一次，孔子应鲁君诏前去接待外邦贵宾。只见他神色庄重，不但拱手弯腰，而且"趋进，翼如也"。意思是说，孔子接待外宾时，快步前行，肥大的袖子飘起来，姿态就像舒展双翅的飞鸟。这就是宾礼中的"趋"。还有一次，孔子去朝见鲁国国君，上殿跪拜如仪之后，"没阶"（走下整个台阶），又"趋进，翼如也"，再退归班位。这是朝拜时的趋礼。据《史记·叔孙通列传》记载：汉高祖刘邦当皇帝后，叔孙通教习礼仪，百官依照朝仪礼节群"趋"。朝拜的趋礼一直流传到清代，当时臣下朝见王侯都要放下马蹄袖，疾行数步，跪下参拜。"趋"也是古人日常生活中常用的一种传统礼节。《论语·子罕》载：孔子会见穿丧服、着冕服（大夫服装）的人或盲人时，即使年龄比他本人小，也会从座位上站起来。走过这些人时，他会急步快行，以示尊敬。另外，晚辈从长辈面前走过时也要"趋"。《论语·季氏》记载了孔鲤曾两次"趋而过庭"的故事。这是因为，其父孔子此时正独立于庭中。至今，老友相见或迎接客人，人们也往往快步走向对方，握手问候，以示热烈欢迎。这大概是"趋"的遗风吧。

三、衣冠服饰

在社会生活中，衣冠服饰最为外露，最易表明一个人的身份地位，自古以来就受到历代统治者的重视。从夏商两代开始，关于衣着已有一定的规矩，到周代逐渐形成了一套冠服制度。从此，帝王后妃、达官贵人，乃至黎民百姓，衣冠服饰因身份地位不同而各有其式，不同场合的衣着也特别有讲究。

（一）冠冕

冠是一般贵族男子所戴的帽子。古代男子20岁举行冠礼，此后冠就成为他们已经成人的标志，公开场合都要戴冠。该戴冠的时候，如果不戴就构成非礼行为。《后汉书·马援传》记载：马援未做官时，"敬事寡嫂，不冠不入庐"。这说明有教养的士人以不戴冠为不礼貌。《左传·哀公十五年》记载：春秋时期，卫国内乱，孔子的弟子子路在混战中被戈击伤，系冠的缨亦被砍断。在这生死攸关的危急时刻，子路却说："君子死，冠不免。"他忍着剧烈的伤痛重新结好冠缨，结果被俘，搭上了性命。这也说明，子路把戴冠看得比生命还重要。

天子、诸侯和大夫祭祀时戴的冠叫作冕。冕的形制与一般的冠不同，它上面是一块黑色的长方形木板，称为"延"（亦作"綖"），下面与冠相连。延的前后沿挂着一串串小圆玉，称作"旒"（liú）。旒的数量因身份不同而有差别。据相关文献记载，天子的冕前后各十二旒，诸侯九旒，上大夫七旒，下大夫五旒。汉代之后，只有皇帝才能戴有旒之冕，于是"冕旒"就成为皇帝的代称。

明朝万历帝着冕服御像

在古代，除儿童和少数民族外，庶人与罪犯也不戴冠，故士人摘冠就有降低身份的意思。《史记·魏公子列传》记载：平原君赵胜有一次无意中得罪了信陵君魏公子无忌，后者打算离开赵国。平原君赵胜得知自己错怪了信陵君魏公子无忌后，"免冠谢（赔罪），固留公子"。平原君赵胜摘下冠表示自己有过错，以自贬身份挽留信陵君魏公子无忌。至于庶民，他们不得戴冠，只能覆以帻（zé）。《汉官仪》云："帻者，古之卑贱执事不冠者之所服也。"帻就是包束头发的巾，庶人佩戴的帻一般是黑色或青色的，因此秦称百姓为"黔首"（黔即黑色），汉称仆隶为"苍头"（苍即青色）。帻本身有压发定冠的作用，后来贵族也开始戴帻。不过，他们还要在帻上加冠。再后来，出现了有顶的帻，戴这种帻就不必加冠了。

唐宋时期，戴冠的等级开始混淆。如：隋唐时期的幞头（形制相似于后代俗称的乌纱帽）已为官服，但到宋代一般男子也都戴这种帽子。于是，统治者又开始在冠饰上做文章，用冠饰区别等级，以清代的顶子、花翎最为典型。顶子又称"顶戴""顶珠"，是清朝百官缀于朝冠、吉服冠顶的不同颜色的宝石等饰物。据《清会典》载：一品官员的顶子用红宝石，二品用珊瑚，三品用蓝宝石，四品用青金石，五品用水晶，六品用砗磲（chē qú），七品为素金顶，八品为阴文镂花金顶，九品为阳文镂花金顶。花翎是用孔雀翎毛制成的冠饰，插在礼冠上，垂于冠后，用来装饰和区别官员等级。花翎分为单眼、双眼和三眼（眼即孔雀翎毛上圆花纹），翎眼多者为贵。据《清史稿·礼志》《清会典事例·礼部》载：皇室成员中爵位低于亲王、郡王、贝勒的固山贝子和固伦额驸（皇后所生公主的丈夫），有资格戴三眼花翎；清宗室和藩部中被封为镇国公、辅国公的贵族，还有和硕额驸（妃嫔所生公主的丈夫），戴双眼花翎；五品以上官员和皇宫里的内大臣，以及前锋、护军各统领、参领等戴单眼花翎。而六品以下官员只能戴蓝翎，这是一种以鹖（hé）羽制成、染为蓝色的饰物。按规定，清代官员不得僭越佩戴顶子和花翎；官员如被革职，就以摘去顶戴花翎作为标志。

（二）衣服

商周时期，衣服款式通常是上衣下裳，裳即裙子，男女均可穿着。贵族再在裙子外面系一片革制或丝绣的斧形服饰，即为身份尊贵的象征。到了春秋时期，上衣下裳连接起来，垂至脚踝，称为"深衣"。制作时，深衣仍然上下分裁，缝制时才连接在一起。下裳共用布帛12幅，以应每年有12月之意，表示古人对天时的崇敬。深衣用途广泛，诸侯、大夫、士既可在居家时穿着，又可在晚朝时穿着。庶人一般穿褐（粗布衣服），但也可把深衣作为礼服。深衣对后世服饰影响很大，现代的连衣裙就是由深衣沿革而来的。

古代御寒的冬服有裘、袍等。裘是皮衣，兽毛在外，亦要依等级穿着。古代以狐裘为贵，主要供君王及贵族穿着。狐裘又分狐白裘、狐青裘、狐黄裘、狐苍裘等。《白虎通义·衣裳》云："天子狐白，诸侯狐黄，大夫服苍……"而士一般穿虎裘、狼裘或羔裘，庶人则只能服犬羊之裘。裘衣平常可直接穿用，但举行礼仪与会客时要在外面加穿裼（xí）衣（罩衣），否则将被视为失礼或不敬。袍最初是装填乱麻和旧棉絮的厚长衣，为贫困者穿用的衣服。汉代之后出现了绛纱袍、皂纱袍等，袍成为朝服。所以，先秦时期穿裘还是穿袍，是有着显著的富贫差别的。

秦汉之后，衣着等级制度日益完善。各级官吏与庶民在衣着服饰上，从式样、用料到颜色、花纹，都有明显的区别，不能有差错。唐宋以后，龙袍与黄色成为皇室的专用服色，"黄袍加身"成为登上皇帝宝座的代用语，其他人绝不能僭用，否则将被视为"大逆不道"。其他官员的服饰颜色，"一品至四品，绯袍；五品至七品，青袍；八品九品，绿袍"（《明史·舆服》）。而平民百姓则禁止用大红和鸦青色，以免与官服相混。

服饰等级在礼服和官服的纹饰方面表现得尤为明显。古代帝王及高级官员的礼服绣有12种纹饰，即日、月、星辰、群山、龙、华虫（雉类）、火、宗彝（祭祀的礼器）、藻（一种水草）、粉米（白米）、黼（fǔ，斧形）、黻（fú，两弓相背形），通称十二章纹。这些纹饰均有象征意义。据古人分析，日月星辰取其照耀之意，山象征安静镇定，龙象征随机应变，华虫象征有文章之德，火象征光明，宗彝象征忠孝，藻象征洁净，粉米象征济养，黼象征决断，黻象征君臣背恶向善。十二章纹由来已久，舜帝时代已经形成，但秦代以前只是服装上的吉祥纹饰。直到东汉时期，章服制度作为封建礼仪制度的重要组成部分才真正确立。[1] 从此以后，直到清代，十二章纹一直作为帝王百官服饰的纹饰。

唐武德四年（621），朝廷发布诏令，宣布车舆、服装之令，"上得兼下，下不得拟上"，违者治罪，具体规定为：天下只有皇帝可用十二章；皇太子及一品官员之服用九章，"龙、山、华虫、火、宗彝在衣，藻、粉米、黼、黻在裳"；二品之服用七章，"华虫、火、宗彝

---

① 李晓华．古代官服上的十二章纹 [J]．文史知识，1990（3）．

在衣，藻、粉米、黼、黻在裳"；三品之服用五章，"宗彝、藻、粉米在衣，黼、黻在裳"；四品之服用三章，"粉米在衣，黼、黻在裳"；五品之服用一章，"裳刺黻一章"（《新唐书·车服制》）。

明清时期，皇帝的朝服仍然采用十二章纹，而文武官员则改章服为补服。补服也叫补褂，是在常服上另加徽识，称为"补子"，缀于前胸和后背，以金线和彩丝绣成，使人一看便知其官衔和品级。其中，明代补子的作用最突出：一是有效区分文武官员，二是进一步细化官员品级。明太祖于洪武二十四年（1391）规定：公、侯、驸马、伯服，绣麒麟、白泽。文官的补子用鸟类图形，其中一品文官绣仙鹤，二品绣锦鸡，三品绣孔雀，四品绣云雁，五品绣白鹇（xián），六品绣鹭鸶，七品绣鸂鶒（xī chì），八品绣黄鹂（清代改为鹌鹑），九品绣鹌鹑（清代改为练雀）；杂职绣练鹊；风宪官绣獬豸。武官的补子用兽类图形，其中一品武官绣狮子（清代改为麒麟），二品亦绣狮子，三品绣虎（清代改用豹），四品绣豹（清代改为虎），五品绣熊罴（pí），六品、七品绣彪（清代七品为犀牛），八品绣犀牛，九品绣海马。明清补子纹样有几次小的变化，但其区别等级的性质是一样的。另外，清代宗室贵族补子上绣有龙、蟒，表示身份更高。如：皇子补服，正面金龙补子四个，前胸、后背及两肩各一个；亲王补服，金龙四个，前后补子为正龙，两肩补子为行龙；郡王补服，行龙补子四个，前后及两肩各一个；贝勒补服，前后各一个补子，图案为正蟒；贝子补服，亦前后各一个补子，图案为行蟒。

官服一般是官吏履行公务和参加典礼时穿的服饰，平时他们亦可穿便服。何时穿什么服饰也有礼仪规定，不能乱穿。官吏不论上级下级，如正式见面，一方穿官服另一方也应穿官服。下级穿官服拜见上官，上官如不穿官服接见，便为失礼，下官甚至可以拒绝参见。

另外，古代服饰的颜色有素色与喜色之分。一般白色、黑色、灰色、蓝色为素色，红色中大红、朱红、粉红等属于喜色。按照礼节，素色与喜色的服装要根据不同情况穿用。如：穿素服到喜庆场合，或穿大红喜服到丧葬场所，均为失礼。《红楼梦》第四十三回写贾宝玉先是"遍体纯素"到城外水仙庵给金钏儿烧香祭奠，回来后到怡红院"忙将素衣脱了，自己找了颜色吉服换上"，再去大花厅为凤姐祝贺生日，行礼吃酒。这样才算"礼数周全"。

四、饮酒进食

古代饮食方面的礼俗主要表现在宴会上。举行宴会时，座位要分尊卑主次，敬酒也要依照宾客的身份地位区别先后。在古代，最为盛行的宴会礼仪是乡饮酒礼。据《周礼》载：周代的乡饮酒有三类：一是古之乡学三年业成大比，考察其德艺，将贤能者举荐给君主。确定人选后，乡大夫设宴以宾礼相待，请本乡年高德劭者作陪，称乡饮酒。二是党正（**五百户之长**）在每年腊祭时宴请乡民，以正齿位。三是州官在每年春秋两季的学校习射前宴请乡邻。唐代以后，乡饮酒逐步演变为地方官欢送进京赴考的乡贡或款待乡试中举的举人的宴席。据《仪礼》记载：乡饮酒的座位次序是，主宾设于西北，介宾（**仅次于主宾的辅宾**）设于西南。这是因为古人认为："天地严凝之气，始于西南，而盛于西北，此天地之尊严气也，此天地之义气也。"

（《仪礼集释》卷四）。这种安排，出于对宾客的尊重。主人则坐在东南面作陪。开宴时，先由主人向宾敬酒，宾还敬主人，主人再敬宾；然后，主人敬介宾，介宾还敬主人；最后，主人向众宾敬酒。行酒时，一般要有音乐相伴。乡饮酒一直延续到清代，而且清代乡饮酒增加了许多程序，但基本仪节未变。其他宴会虽然不像乡饮酒那样有固定程式，但也分上座、陪座、下座或主座、客座，入座时主宾互相礼让。当然，上述座位的划分是同一阶层之人在礼节上的区别，而主仆之间是不可同桌进食的，即使主奴之间关系非常亲密，即使在无人时，也没有人敢僭越。如：《红楼梦》第十六回写贾琏与凤姐在房中吃酒，贾琏乳母赵嬷嬷进来，二人让她上炕吃酒，赵嬷嬷执意不肯。平儿就在炕沿设了一几，赵嬷嬷坐在了脚踏上。贾琏拣看馔给她，让她放在几上单独享用。

无酒不成席。在宴会上，主人与宾客之间互相敬酒是必不可少的。据《仪礼》载：在周代，敬酒已有一整套礼节程序，并有专用名词。如：主人先向宾敬酒谓之"献"，宾作为回敬主人叫作"酢"（zuò），主人先饮酒并以此向宾劝酒叫作"酬"，以上称为"正献"。正献礼节之后，宾依礼可以表示离席，主人则派人举起斟上酒的觯（zhì）挽留。随即众宾以酒交错相酬，叫作"旅酬"。旅酬之后，"宾主燕饮，爵行无数，醉而止也"（《礼经释例》卷三），叫作"无算爵"。敬酒的酒器也有区别："献"酒与"酢"酒用爵，"酬"酒用觯，而"旅酬"酒则只能用尊。为区分尊卑、男女，古人还规定"凡饮酒，君臣不相袭爵，男女不相袭爵"（《礼经释例》卷三），即君臣、男女的酒器不可混用。

在饮食方面，古人也有讲究清洁的礼俗。据《仪礼》等文献载：每逢举行饮酒礼时，主人向宾客敬酒前要先"盥（guàn）洗"，即清洗爵等酒器，而且作为敬酒礼仪的一个程序，当着宾客的面进行。另外，先秦时期已有筷子，但只在特定场合使用。《礼记·曲礼（上）》曰："羹之有菜者用梜（jiā），其无菜者不用梜。"梜，就是筷子。这是因为"其菜交横，非不可"。而平时人们吃饭时，主要是用手捏，不用筷子、勺子等辅助工具。《礼记·曲礼（上）》要求人们"共饭不泽手"。对此，孔颖达解释说："古之礼，饭不用箸（zhù），但用手，既与人共饭手宜洁净，不得临食始挼莎（nuó suō）手乃食，恐为人秽也。"这里的"挼莎"是解释"泽"的，指两手相搓以除去汗污，有此动作说明手不干净。而与别人一起吃饭，手不洁净也是失礼的行为。

用饭时，还有许多具体的礼俗规矩。如：《礼记·曲礼（上）》要求进餐时"毋放饭"，这是说用手从食器中取饭，即使取太多或黏在手上，也不能放回食器，以免别人嫌脏。古人赴宴吃饭时，则要"毋咤（zhà）食"，即吃东西时舌头和嘴不要发出声音，因为古人认为口舌作声是嫌弃主人提供食品不好吃的表现。吃鱼、肉时，要"毋反鱼肉"，即：咬食过的鱼段、肉块，即使没有吃完也不能放回食器，否则便被视为非礼。在宴饮过程中，古人要"毋歠醢（chuò hǎi）"。醢是一种经过精细加工的肉酱，是款待宾客和祭祀的常备佳肴，用豆（食器）单独盛装上席，一般用其他食物蘸着吃，或搭配其他食品同吃，具有调味的作用，故味道宜咸。如果宾客端起盛醢的豆而歠（饮）之，则说明醢味道太淡，有怪罪主人饭菜无味的嫌疑，是对主人不恭敬的表现，亦为失礼。上述这些关于宴筵进食的礼俗，有一定的合理性，因此大多为后世沿用。

有些古代饮食风俗与节令有关。早在春秋时期，我国就有了"四时八节"的观念。所谓四时，指春夏秋冬；所谓八节，指立春、春分、立夏、夏至、立秋、秋分、立冬、冬至。到了战国时期，《吕氏春秋》载：孟春之月"食麦与羊"，孟夏之月"食菽与鸡"，孟秋之月"食麻与犬"，孟冬之月"食黍与彘（zhì）"。饮食讲究节令，符合人体的生理特点。如：夏季饮食，人喜清爽；冬令饮食，人喜醇香。但什么节令吃什么食品，并形成一定的礼俗习惯，则与历代宫廷的赐食制度有关。在统治者看来，任何事物的统一都有利于维护统治秩序，食俗当然也不例外。于是，他们就通过赐食的形式促成了节令食俗的流行。明代沈德符在《万历野获编》中写道："太祖时，百官朝退，必赐食于廷。……惟元旦、冬至两大筵宴，礼部奏请举行。其他食俗，如立春则吃春饼，正月元夕吃元宵圆子，四月八日吃不落夹（用白面调蔬品包在桐叶内蒸熟的食品），五月端午吃粽子，九月重阳吃糕，腊月八日吃腊面，俱光禄（指光禄寺，执掌宫廷饮宴事宜的机构）先期上闻。凡朝参官，例得餍饫（yàn yù）天恩，亦太平宴衎（kàn）景象也。"正因为统治者把节令食品纳入礼制轨道，这些应节食品也就有了礼仪色彩。如果在特定节令不吃相应的食品，也会为人所耻笑。

此外，古人根据食品的形状或名称的谐音，把吃某种食品与美好祝愿联系起来，形成一种风俗。如：每年除夕，各家各户都会在餐桌上摆一两条鱼，寓意是"岁岁有余（鱼）"。有些地方过年会吃年糕，表达"年年（黏黏）高（糕）升"的意愿。而在上元节（元宵节），古人必定以元宵（亦称团子、圆子）为食，以求全家"团团圆圆"。

五、称谓避讳

姓名字号，只是人们在社会交际活动中用来代表个人的符号，本来没有高低贵贱之分。但在古代社会，姓名字号成为礼制的组成部分，被赋予了等级观念和尊卑色彩。

（一）姓名字号

如今，姓亦称姓氏。但在先秦时期，姓与氏是有严格区别的。姓是代表有共同血缘关系的种族的称号，氏则为由姓衍生的分支。周代的姓和氏是当时盛行的宗法制度的重要组成部分，有一套严密的规章制度。姓是与生俱来的，固定不变，而氏则是有变化的。在周代，姓的主要作用是区别婚姻。古人早已认识到近亲通婚不利于后代健康成长，故周代规定同姓之间不许通婚。为了辨别男女之姓的异同而决定可否嫁娶，女子都要称姓。尽管贵族女子在婚前婚后、生前死后有种种不同称呼，但无论怎么称呼她们，都要带上姓。如：某姜姓女子出生在齐国公族，人们一般就叫她"齐姜"；若她后来嫁给鲁国国君，则可叫她"鲁姜"。鲁桓公之妻即姓姜，死后谥号为"文"，故又称"文姜"。氏的主要作用是区别贵贱，故只有贵族男子才有氏，他们通常只称氏而不称姓。氏的来源比较复杂。一般情况下，诸侯以受封的国名为氏，如陈氏、宋氏。诸侯子孙的氏有具体规定，诸侯之子称公子，公子之子称公孙，公孙之子以其祖父的字为氏。卿大夫有的以职官为氏，如师氏、史氏、司马氏、司空氏；有的以所受封的邑名为氏，如晋国的韩氏、魏氏、赵氏。另外，还有以居处为氏的，如东郭氏、柳下氏等。但是，周代的姓氏制度在战国时期随着氏族贵族的瓦解发生混乱。到秦汉时期，姓与氏就合而为一了。需要说明的是，先秦时期只有贵族才有姓氏，不仅奴隶无资格立姓，一般平民也有名无姓。所以，先秦时期的"百姓"是指贵族阶层。秦汉之后，每人都有一个姓，因为普通人数量大，下层人才逐渐被称为平民百姓。

按礼仪，古人"幼名，冠字"（《礼记·檀弓》），即：婴儿出生三个月后由父亲命名，男子举行冠礼和女子举行笄礼时取字。字往往对名加以解释或补充，与名相表里，故又叫表字。字与名的关系有意义相同的，如东汉创制地动仪的张衡，字平子，"衡"与"平"同义；有意义相辅的，如唐代诗人白居易，字乐天，因"乐天"故能"居易"；也有意义相反的，如元代书画家赵孟頫（fǔ），字子昂，"頫"（同"俯"）与"昂"反义。另外，字与名的关系，还有概括经义、使典用事等多种情况。但是，古代只有贵族或士族才有表字，一般平民是没有字的。如：西汉初年，跟随刘邦打天下的功臣，除了张良等少数六国贵族的后代外，大部分功臣出身平民，如陈平、韩信、樊哙等，他们都有名无字。

古人在什么情形下称名，在什么情况下称字，是有一定原则的，不能不分场合、不辨对象地随意乱用。一般说来，名是由父亲或长亲起的，是供尊长叫的；而字是为了"敬名"，是来宾取的，是供别人叫的。因此，只有尊者对卑者、长辈对晚辈才可以称名。如孔子就对弟子冉求直呼其名："求，尔何如？"（《论语·先进》）朋友及平辈之间则互相称字，以表亲近和恭敬。另外，尊长对卑幼者，为自表谦虚也常称对方的字。在先秦时期及封建社会早期，卑幼者也可对尊长称字，因此字的运用较为广泛。如：三国时期，刘备常被称为刘玄德，诸葛亮被称为诸葛孔明，关羽被称为关云长，张飞被称为张翼德，赵云被称为赵子龙，都是称字以示尊敬。由于称字有表恭敬的意思，自称时不论对方是尊长、平辈还是卑幼者，均只能自称名而不能自称字。当然，也有一种特殊情况，即：本名犯了皇帝的忌讳，不得已也可自称字。如《隋书·文学传》载：王贞，字孝逸，他在写给齐王的书启中说"孝逸生于战争之季"。在这里，王贞自称"孝逸"，是因为其名"贞"犯了隋文帝祖父杨祯的讳，不得已而以字代名。再如《新唐书·刘知几传》载："刘子玄名知几，以玄宗讳嫌，故以字行。"也就是说，刘知几的"几"字与唐玄宗李隆基的"基"字谐音，犯了皇帝讳，不得已以"子玄"行世，自称时也称字。不过，这种因避讳而"以字行"的情况，实质上是把"字"当作"名"来用，并非妄自尊大，所以得到社会的普遍认可，而不被视为非礼。

除了名、字外，古代的中上层人物，特别是文人雅士，往往还以居处、境况、志趣等为自己取号。如：晋代道士葛洪自号抱朴子，诗人陶潜自号五柳先生；唐代诗人李白自号青莲居士，杜甫自号少陵野老；宋代史学家欧阳修自号六一居士，书法家米芾（fú）自号海岳外史；明代画家朱耷（dā）自号八大山人；清代思想家王夫之自号南岳卖姜翁。号是一种固定的别名，又称别号。因号是本人取的，表达了一定的思想情趣，故对人称号也是表示尊敬，以至于古代一些受人尊敬的文豪，其别号比名字更为响亮。如：北宋大文学家、书画家苏轼，自号东坡居士，人们多尊称为苏东坡；南宋爱国诗人陆游，自号放翁，人们习惯称其为陆放翁。

帝王还有尊号、谥号和庙号。尊号是生前被奉上的。如：唐代群臣曾经六次给唐玄宗上尊号，其中之一就是开元圣文神武皇帝。谥号是帝王死后被追封的称号，如汉景帝、汉武帝、隋文帝、隋炀帝等。庙号是帝王死后，继位者在太庙立室奉祀，追尊为某祖、某宗，如汉高祖、唐太宗、明太祖、清世宗等。对封建时代的皇帝，绝对不许直呼其名，而只能称其尊号、谥号和庙号。唐朝以前，对殁世皇帝一般简称谥号，如汉代习惯称刘彻为汉武帝。自唐代以来则改称庙号。如：唐代李隆基通常称唐玄宗。汉武帝之后，历代皇帝还有年号。新君即位，必须改变年号，同一个皇帝也可以有几个，甚至十几个年号。明清两代，一个皇帝只有一个年号，因此可以用年号来称皇帝。如：明思宗朱由检可称为崇祯皇帝，清圣祖爱新觉罗·玄烨可称为康熙皇帝。皇后、诸王、公主、高官显贵，以及建立特殊功勋或受到皇帝垂青的人，死后也被赐谥号。如：宋代岳飞死后被赐谥号为武穆王，人称岳武穆，表示对这位爱国将领的尊敬。还有一种谥号是私谥，是著名学者名流死后由其亲友、门徒所加的谥号。如：北宋理学家张载死后，门人加谥为明诚夫子，并以谥号相称，也表示对先师的尊重。

为了表示对他人格外尊重，有时连字、号也不称，而是以地望和官职来称呼。称地望就是以出生地、住地或任职所在地称人。如：唐代文学家柳宗元为河东（**今山西永济**）人，被称为柳河东；因其做过柳州刺史，又被称为柳柳州。再如：宋代政治家、文学家王安石，因籍贯为抚州临川（今江西抚州）而被称作王临川。以官职称人则更为常见。如：东汉时期，曾经任伏波将军的马援被称为马伏波，曾任定远侯的班超被称为班定远。唐代大诗人杜甫也因曾担任工部员外郎和左拾遗，而常被称为杜工部、杜拾遗。现代以来以地望称人不再盛行，但以官职称人一直流行至今。

（二）谦称与敬称

在人际交往中，古人为了表示对他人的尊重，凡提到自己时用谦称，称呼对方时则用敬称。由于身份不同，以及表示尊敬的对象不同，谦称与敬称的用词也就有所不同。

古代帝王或诸侯谦称自己为"寡人""孤家""不谷"。"寡"与"孤"同义，都有表示自己缺少德行的意思。"寡""孤"本为贬义，但由于被帝王专用，后来"称孤道寡"反倒成了"称帝称王"的同义语。"不谷"是"不善"的意思，先秦时期的国君用于谦称，秦以后废而不用。官吏一般谦称"臣""下官""末官""卑职"等。"臣"是面对国君时官员表示谦卑的自称，"下官""末官""卑职"都是谦称自己职位低微。文人雅士自谦习惯用"小生""晚生""晚学""后学""末学"等，以示自己是新学后进之辈，学识尚很浅陋；他们也常用"不才"、"不佞"（nìng）、"不肖"（贤）、"鄙人"等词谦指自己没有才能和见识。在尊贵者面前，谦称多用"在下"，这是因为古代坐席尊者在上，位卑者居于下席。面对长辈，除谦称"晚辈"外，年幼者还常自称"小子"。老年人自谦时，常称"老朽""老鄙""老夫""老拙"，表示自己年老愚笨，已衰朽无用。而妇女则以"小奴""下妾"等词自谦。谦称的运用，是通过贬低自己而抬高对方的身份，实际表达的是对对方的尊敬，也显示出一种修养和礼貌。

敬称的词语也很多，均带有尊重敬仰的意义。对最高统治者，古人常尊称为"天子""皇上""主上""圣上""圣主""万岁"。据《白虎通义》，"天子"是古人认为帝王之父为天，其母为地，是上天所生，"故谓之天子"。"皇"词义为"大"，"圣"指智慧超群，"上"有"至高无上"之意，这些词都显示了皇帝的特殊地位。"万岁"在先秦时期是臣下对王侯贵族通用的祝语，自秦汉时期起专用于祝福皇帝，后来也尊称皇帝为"万岁"了。此外，皇帝还被敬称为"陛下"。据唐代段成式的《酉阳杂俎》载："秦汉以来，于天子言陛下，皇太子言殿下，将军言麾下，使者言节下、毂下，二千石长史言阁下，通类相与言足下。""陛"本来是指宫殿的台阶，又特指皇帝座前的台阶，"陛"的两侧有近臣持兵刃站列，以防不测和显示威风。以"陛下"作为对皇帝的尊称，东汉蔡邕在《独断》（卷上）解释为："谓之陛下者，群臣与天子言，不敢指斥天子，故呼在陛下者告之，因卑达尊之义也。"群臣名为对陛下近臣言，实际上是直接对皇帝说，故"陛下"便成了皇帝的代称。"殿下""麾下""节下""毂下""阁下"的含义与"陛下"相近，都是因为不敢直称对方，故通过侍从转呼以示尊重，进而转化为敬称。其中，"殿"指殿堂，起初天子、诸侯、皇太后、皇后、亲王等均被尊称为"殿下"，唐代之后才主要用于皇太子与皇后。"麾"指军队的旗帜，故尊称将军为"麾下"。"节"指使者所持的符节；"毂"本为车轮中心的圆木，用作车轮的代称，使者奉命出使必持节乘车，故被尊称为"节下"或"毂下"。另外，奉皇帝之命出使的官员被尊称为"天使"。阁比殿小，古代郡太守（**汉代俸禄为二千石，亦称二千石**）按照规定有资格比照三公开阁治事，故被尊称为"阁下"。但这一敬称使用较为宽泛，不仅用于尊长，亦可用于平辈。唐代之后，对州郡长官多被尊称为"府主""府公""府台"等。

至于"足下"一词，据说源于介子推（**又名介之推、介推，后人尊称为"介子"**）的故事。介子推是春秋时期的隐士。他辅助晋公子重耳，历尽艰辛。当重耳终于在秦穆公支持下回国即位（**是为晋文公**），对随他流亡者论功封赏时，介子推不求赏禄而携母隐居于绵山（**今山西介休东南**）。晋文公自感有愧，又搜寻不到介子推，便下令放火焚山，想迫使他出山。谁知介子推竟抱着一棵树被烧死了。晋文公悲叹不已，令人伐倒那棵树，制成木屐（jī）。此后，晋文公经常低头看着脚上的木屐，哀叹道："悲乎，足下！"由于晋文公以"足下"指代介子推，且怀着深深的敬意，后来"足下"便成了一种敬称。

古代除了把老人称为"老伯""老叔"，还尊称他们为"老丈""丈人"，其义取于持杖。东汉高诱在注《淮南子·道应训》时说："老而丈于人，故称丈人。""丈"与"杖"通，"丈人"犹言"杖人"，即"持杖之人"。有资格在人前持杖必为老人，故丈人泛指老年长辈和尊者。至于丈人指岳父，唐代以后才成为专名。

对于德高望重，特别是学问精深的男子，可敬称为"夫子"。春秋时期，凡大夫以上的官员均可称夫子，其"夫"即指大夫，"子"

是对男子的尊称。孔子当过鲁国司寇，也是大夫，所以被其弟子等称为夫子。后来，孔子被尊奉为"万世师表"，"夫子"成为对孔子的尊称。孔子是教育家，"夫子"进而引申为对老师或可奉为老师的男子的尊称，如齐宣王敬称孟子为夫子。古人还把师长、老人、有道德有学问的人敬称为"先生"。这种用法流传至今。在现代社会，"先生"成为对一切成年男子适用的社交礼貌称谓。对已婚妇女，古人多尊称为"夫人""太太"；对未婚女子，古人常通称"小姐"；对于平辈友人，古人则以"尊兄""仁弟"相称。就是晚辈小儿，古人也习惯尊称为"公子"或"小郎君"。

以上是古人当面对话和书信往来的直接称谓。另外，他们在交谈中提及双方亲属时，也要分别用谦称和敬称。谈到己方亲属时用谦称，如"家父""家母""家兄""舍弟""舍妹""舍侄"等。"家""舍"带有"普通""平常"的含义，可表谦逊。提到妻子，古人常谦称"贱内""贱荆""寒荆"①；谈及儿子，多称"贱息""犬子"，自贬示谦的意味更浓。提及对方亲属时，古人则多冠以"令""尊""贤"等表示赞美的字眼。如：称对方祖父为"尊祖"，称对方父亲为"令尊"，称对方母亲为"令堂"，称对方兄弟为"贤兄""贤弟"，称对方妻子为"令妻"，称对方儿子为"贤郎"，称对方女婿为"贵婿"，等等。谦称、敬称的用词还有很多，不再一一枚举。

总之，恭敬即为礼，谦称与敬称是一个问题的两个方面，均表达了对别人的尊重。这种称谓中显示的礼貌，时时处处都会碰到，人人都难以回避，是日常礼俗中很重要的一部分。

---

① 荆，指妻，取意于东汉梁鸿妻孟光荆钗布裙的故事。

（三）避讳

古代对当代帝王及尊显者的名字，必须采取方法予以避讳。原来为整个社会共同使用的某个汉字，一旦被当代皇帝用在名字中，就为其所垄断，臣民不许再使用，这种做法叫作"国讳"或"公讳"。违反这一条而直呼皇帝名或仍用皇帝避讳的字，就是"犯上""大不敬"，可能引来杀身之祸。如：清代乾隆四十二年（1777），江西举人王锡侯撰成《字贯》60卷，因凡例中写有康熙、雍正的庙讳（**本朝君主宗庙里供奉的祖先名字**）玄烨、胤禛和乾隆帝名弘历，遭人告发后，被处以大逆罪，全家被抄斩。江西巡抚海成等官员因不能查出叛逆者而受牵连，被从重治罪。国讳说明了封建帝王唯我独尊、蛮横霸道，是封建时代人与人之间不平等的现象之一。

另有"家讳"，即：子孙不能称呼父祖的名字。这也是尊祖敬宗的体现。在社会活动中，与别人交谈也不能触犯对方的家讳，否则将被视为非礼。东晋桓玄初任太子洗马时，王大（**王忱**）前来祝贺，他设宴款待。王大嫌酒冷，频频呼唤侍者取"温酒"来。因为桓玄的父亲名温，为避父讳，家中不许提到"温"字。而来客呼喊的"温酒"中就含有"温"字，触犯了桓玄家讳。就这样，不但侍者怕家主责怪不敢去取"温酒"，桓玄一再听到来客提及"温"字，心中亦不快，但又不便发怒，以至于当场哭了起来。由于避讳，古代礼俗讲究"入竟（境）而问禁，入国（城）而问俗，入门而问讳"[《**礼记·曲礼（上）**》]。这就是说，进入一国国境先要询问禁忌，进入一座城市先要了解风俗，进入一家之门亦要先弄清其家讳，这样才能避免因犯讳而失礼。

避讳起源于周代，春秋战国时期因政局动荡而讳制不一。秦汉时代，随着大一统局面的形成和巩固，儒家学说在上层建筑逐渐占据统治地位，避讳制度渐臻完备。至唐宋时期，讳制盛行，避讳的禁令日趋严格。到了清代雍正、乾隆之世，讳禁之严达到了登峰造极的地步。

由于统治者重视，古代长期以来逐渐形成了专门的讳律。一方面，讳律明确了避讳的对象，主要分为六类。①避在位君主名。如：秦始皇嬴政，又名正，其在位时改"正月"为"端月"。②避君主庙讳。如：宋太祖赵匡胤的祖父名敬，其时凡遇"敬"字，均以"恭"或"钦"替代。③避太子名。如：金主海陵王完颜亮的太子名光英，时人便改"鹰坊"为"驯鸷坊"。④避后妃名。如：东晋成帝杜皇后讳陵，改"陵阳县"为"广阳县"。⑤避皇后祖父名、父名。如：北宋仁宗刘皇后之祖父名延庆，殿前副都指挥使"李昭庆"改名"李昭亮"。⑥避权贵名。如：北宋蔡京为相权势极盛，百官皆避其名，将"京东""京西"改称"畿左""畿右"。除此之外，还有避孔子名、使臣避出使国讳等。另一方面，为避免避讳太滥，讳律有"五不讳""八不讳"等说法。如：讳名不讳姓；二名不偏讳，即名有二字者不一一分别讳；不讳嫌名，即与所讳之字读音相近或相同的字可不讳；父已死，不讳祖名；君前不讳父名，即在君主面前不避家讳；诗书不讳，即读诗书时照正音读，可不避讳字；临文不讳，即上奏书写文章不避家讳；郊庙不讳，即祭神祭祖时不讳。但是各朝各代避讳宽严不一，有的朝代对讳律的规定并不遵行。如：《礼记·曲礼（上）》规定不讳谦名，但唐代贞观、显庆年间修"八史"[1]时，凡用天干"丙"字纪年的都改为"景"字，这是避唐高祖李渊之父名"昞"，就是讳谦名。虽然规定"二名不偏讳"，但双名帝王的两个字都要避讳。如《旧唐书·太宗纪》载："武德九年（626）六月令曰：依礼，二名不偏讳。近代以来，两字兼避，废阙已多，率意而行，有违经典。其官号人名、公私文籍，有世民两字不连续者，并不须讳。"这说明唐代之前两字兼避已成风气，故唐太宗刚登台即下令禁止。但这一禁令并未贯彻，唐代将"世"改为"代"，将"民"改为"人"，实际就是对唐太宗之名"世民"二字分别避讳。

因为避讳，中国古代出现了一些特有的现象。有的人因避讳而改姓换名。改姓，如《通志·氏族略》说："籍氏避项羽讳，改为席氏；庄氏避汉明帝讳，改为严氏；师氏避晋景帝讳，改为帅氏。"还有追改前人姓的。如：汉代避宣帝刘询嫌名，将战国时期思想家荀卿称为"孙卿"。改名，如《魏书·高祐传》所记：高祐"本名禧，以与咸阳王同名，高祖赐名祐。"《南齐书·薛渊传》载："本名道渊，避太祖（指萧道成）偏讳改。"不仅犯了皇帝、亲王的讳要改名，就是贵族家的仆人犯了主人的讳也要改名。如《红楼梦》第二十四回说："原来这小红本姓林，小名红玉，因'玉'字犯了宝玉、黛玉的名，便改唤他做'小红'。"

在古代，有人为避讳而改官名或辞官职。如：贞观二十三年

---

[1]　这里指《晋书》《梁书》《陈书》《北齐书》《北周书》《隋书》《南史》《北史》。

（649）六月，唐高宗李治即位，避太宗庙讳，改"民部尚书"为"户部尚书"。七月，避高宗名讳，又改"治书侍御史"为"御史中丞"，各州"治中"改为"司马"，"治礼郎"改为"奉礼郎"。辞官职，如《北史·叙传》载：李延实被授任侍中太保的职位，但因其祖父名"宝"，他认为同音字"保"犯祖讳，上表坚决辞去太保官职。这种因避讳而辞官的行为实不足取，但曾经风行一时，甚至被列入法律条文。《唐律》即规定："诸府号官称犯祖、父名，而冒荣居之者，徒一年。"对此，疏义解释说："府有正号，官有名称。府号者，假如父名卫，不得于诸卫任官，或祖名安，不得任县职（**指长安县**）之类；官称者，或父名军，不得作将军，或祖名卿，不得居卿任之类。皆须自言，不得辄受。"

有的因避讳改地名。如：号称六朝古都的建康（**今南京**），本名建业，晋元帝都建业时因避晋愍（mǐn）帝司马邺讳，改名建康。同时，他还把曹魏时期的重要都邑"邺"改名"临漳"。再如：隋代避炀帝名"广"，将"广武县"改为"雁门县"。这种因避讳而改州、郡、县名的事例，几乎各朝都有。还有改山脉、河流、园林、宫门等名称的。改山名，如：汉代避汉文帝刘恒讳，改"恒山"为"常山"。改河名，如：北周避文帝宇文泰小字黑獭（tǎ），改"黑水"为"乌水"。改园名，如：三国魏避齐王曹芳讳，改"芳林园"为"华林园"。改门名，如：清代避康熙皇帝名玄烨，改"玄武门"为"神武门"。

有的因避讳改古书。这包括改书名与改书中文字两种情况。改书名，如：唐代为避高祖李渊讳，将东汉赵晔所撰《神渊》改为《神泉》。又如：南宋熊克撰有《中兴小历》一书，后亡佚，清修《四库全书》时从《永乐大典》中录出此书，因避乾隆皇帝名弘历，改为《中兴小纪》。改古书文字，如：宋代洪适（kuò）所撰《隶释》引用汉石经残碑，其中《论语》《尚书》中的"邦"字多改为"国"字，这是避汉高祖刘邦名讳所致。再如：唐代司马贞《史记索隐》在叙述《史记》体例时，将"三十世家"改称为"三十系家"，这是因避唐太宗李世民名讳而做的改动。

有的因避讳改物名。如：汉代因避汉高祖皇后吕雉名讳，将"雉"改称"野鸡"。又如：唐朝避代宗李预嫌名，改"薯蓣"（yù）为"薯药"。至宋代，避英宗赵曙嫌名，再改"薯药"为"山药"。陆游的《老学庵笔记》记载了一个改物名的典型事例：宋代有一个名叫田登的地方官，自讳其名，其管辖的全州境内都把"灯"改称"火"。到正月十五元宵节，官府放灯供人们游观，其下属贴出的告示竟为："本州依例放火三日。"因为此事还产生了"只许州官放火，不许百姓点灯"的成语，广为流传。

还有的因避讳而改日常用语。如：晋代追尊司马师为景帝，避其庙讳，改称"京师"为"京都"。唐高祖的祖父名虎，因避讳用"兽"或"龙"代替"虎"字，以至出现了"不入兽穴，焉得兽子""画龙不成反类狗"的怪语。因避讳而改通常用语也经常闹出笑话。如：南宋的钱良臣教儿子避讳，凡经史书籍中的"良臣"二字，读时都改为"爸爸"。一天，他的儿子读《孟子》中的"今之所谓良臣，古之所谓民贼也"这句话时，改读成："今之所谓爸爸，古之所谓民贼也。"他本为尊敬避讳父名，结果反而变成了辱骂他，这也是对避讳过滥的讽刺。

避讳的现象千奇百怪，避讳的方法也多种多样。除了上述直接改字外，还有空字、缺笔、拆字、合字等方法。空字，指书写时遇到应避讳的字，留出空白，或作空围（画□），或写作"某"字、"讳"字。如：萧子显著《南齐书》，避梁武帝父萧顺之名，遇到"顺之"二字则不写，而是留出两个空格。缺笔是对讳字少写笔画，如宋代避太祖赵匡胤名，将"匡"写作"匡"，"胤"写作"胤"。拆字是将讳字一分为二，使用其一。如：北宋宰相文彦博本姓"敬"，其曾祖时避后晋石敬瑭名，遂取敬字右半改姓"文"，至后汉又恢复姓"敬"。至北宋初，其祖父避赵匡胤的祖父名"敬"，再次改姓"文"。合字是把两字合二为一。如：北周曾任州主簿的张大渊，入隋因平陈有功升为潭州总管。唐代李延寿在撰《北史》时为避高祖李渊庙讳，将其名"大渊"二字合为一字，写作"渊"（yūn），称为"张渊"。

综上所述，避讳习俗起源于避君主名，随着君主专制的加强而日益兴盛，这不仅导致了古代书籍文字的混乱，也给当时社会生活的诸多方面带来麻烦，造成不良影响。直到进入20世纪，随着封建君主专制的倾覆，人们才从避讳的桎梏下解脱出来。

（四）其他言语忌讳

除了上述中国古代特有的"避讳"外，在日常生活的言谈话语中，古人还有许多忌讳的字眼会避免直接说出。

出于对死亡的恐惧与厌恶，古人忌讳说"死"字，于是另造了一些词来表达死的含义。如：君王死用"千秋万岁"来表示。《史记·梁孝王世家》载："上（指景帝）与梁王燕饮，尝从容言曰：
'千秋万岁后传于王。'"千秋万岁是君王希望活到的年龄，其实这只
是一种空想。而人生通常不过百年，于是一般人则以"百年之后"替
代"死"字。也有的用"老了"讳言死去。如《红楼梦》第十五回
写道："这铁槛寺是宁荣二公当日修造的，现今还有香火地亩，以备
京中老了人口，在此停灵。"另外，代替死的讳言还有"去世""下
世""过世""辞世""病故""病逝""长逝""长眠""仙逝""作
古""不在了""出远门了"等。

与死亡类似，对于恶疾、灾祸，古人也忌讳直言。如：古人讳言
火灾，将失火叫作"走水"。《红楼梦》第三十九回载，贾府马棚失
火，贾母询问，丫鬟回答说："南院子马棚里走了水了，不相干，已
经救下了。"

除了回避不吉利的词语，按照礼俗要求，古人更忌讳恶言谩骂。
《清稗类钞》载："都（北京）人忌骂，舆夫走卒之酬对，亦绝少它地
之口吻，而辱及祖宗父母之漫辞，尤为深恶痛疾之。"不仅忌骂，就
是与许多骂人话相连的词也忌讳。如：北京地区为了避免骂人嫌疑，
将沾"蛋"字边的东西都改了名——鸡蛋叫作鸡子儿；皮蛋发源于南
方，传到北京改叫松花；菜谱上的炒鸡蛋叫作摊黄菜，鸡蛋汤则叫作
木樨汤。

言语忌讳反映了人们趋利避害的思想倾向，也表达了他们对别人
的尊重，有一定的合理性，因而大量代用词流传下来，不仅丰富了汉
语词汇，也成为礼俗文化的重要组成部分。

六、尊老养老

尊老养老是中华民族的优良传统。在文字尚不发达的上古时代，文化知识主要依靠老一代向下一代口耳相传。古代社会以农耕为主，农作物生产周期长，技术要求也很高，一般要到一定年纪才能掌握相当的知识和技术。在复杂的政治、外交场面，也只有到了一定年纪才能积累丰富的经验，并运用这些经验发挥作用。此外，有经验的老年人不但能够管束子弟，教导平民百姓，还可以做帝王的老师和顾问。由于尊老敬老具有安邦治国的意义，古代统治者把它纳入礼仪制度。这种制度在周代的前期、中期发展到了顶峰[①]，大多为后人所沿袭。

"老"在古代有两重含义：一是指本族的长辈，二是泛指老年人。后者的起始标准或以50岁为开端（如《仪礼》），或以60岁（如《周礼》）、70岁（如《管子》）为起始，略有出入，但都以10年为界，分隔为几个层次。古人认为："五十始衰，六十非肉不饱，七十非帛不暖，八十非人不暖，九十虽得人不暖矣。"（《礼记·内则》）因此，周代规定，老人年至50岁即养于乡，60岁养于国，70岁养于学。由于老人寿数渐少，故预先须为送终做准备，提前制作老衣，60岁老人以年为单位准备，70岁以季准备，80岁以月准备，90岁则要以日计算，天天预备，只有被、褥、帽、带之类才在死后制作。在平常活动中，古人也以10年为单位区分等级。如举行乡饮酒礼："六十者坐，五十者立侍，以听政役，所以明尊长也。六十者三

---

① 郭政凯.周代养老制度的特点［J］.中国史研究，1988（3）.

豆（古代食器），七十者四豆，八十者五豆，九十者六豆，所以明养老也。"(《礼记·乡饮酒义》)

古代国君最隆重的尊老礼仪是三老五更礼。三老是国老（有德望、有爵位的老人），五更是庶老（庶人及效忠国事而死者的父祖），各选择一位德高望重、阅历丰富、精通世故且已致仕（辞去官职）的老人担任。为何以"三""五"命名？古人有不同解释，其中之一认为：他们通晓三德（正直、刚强、柔和）五事（貌恭、言从、视明、听聪、思睿），故称三老五更。各代的三老五更礼程序存在差异，但举一例即可窥其大概：东汉明帝于永平二年（59）曾率群臣躬养三老五更于太学。当时选定的三老是李躬，五更是桓荣。行礼之日，三老五更穿戴一新，三老手拄玉杖，乘车进入太学，明帝亲自迎接，行肃拜礼。然后设宴，明帝亲手为三老摆桌子。席间，明帝还挥袖割肉，劝吃劝喝，并伴奏武王伐纣之乐烘托气氛。此外，明帝赐三老、五更各二千石俸禄，另赐酒一石、肉40斤。魏晋时期，三老五更礼更为兴盛，尤其突出三老五更以师道自居，训示皇帝礼仪。唐代规定，每逢中秋吉辰，皇帝必须在太学举行奉养三老五更礼。这一礼仪直到明代才随着皇权膨胀而被取消。举行三老五更礼，是古代统治者树立道德楷模的实践，对弘扬尊老养老的社会风气起到一定的积极作用。

除了三老五更，周代也对其他高龄老人设置专门机构，加以供养。《礼记·王制》载："有虞氏养国老于上庠，养庶老于下庠。夏后氏养国老于东序，养庶老于西序。殷人养国老于右学，养庶老于左学。周人养国老于东胶，养庶老于虞庠。虞庠在国之西郊。"这里的庠、序、学、胶均为学宫名，实际上类似于老年学校或敬老院。国中老人集中于此，依靠国家的物质支持，可以安享晚年。有虞氏、夏后氏等是否真如《礼记》所说集中奉养老人，尚待考证，但周代确实推行了养老制度。周天子之所以这样做，是因为他们认为"朝廷敬老则民作孝"（《礼记·坊记》），故通过尊老推动孝悌，进而稳定社会秩序。每逢节庆及国中大事，周天子都要进行视学，即：亲自到老人聚集的学宫举行春秋祭奠及养老之礼。其间，他们不仅载歌载舞，向老人进献酒食，还和老人亲切交谈，向老人请教施政方略。平时，如果老人生病，设有专职人员定期慰问。"九十以上，日一问；八十以上，二日一问；七十以上，三日一问；众庶五日一问。"（《管子·入国》）战国时期以来，养老制度逐步遭到破坏，许多具体规定难以实施，但这种集中赡养老人的做法并未绝迹。直到明代，君主还曾在各郡邑设养济院收养"孤老"，逢"改元或国有大典礼"就下诏收养"老病孤贫者"。特别是顺天府的宛平、大兴二县，一次即收数百上千名老人。"每名口月给太仓米三斗，岁给甲字库布一匹。"（《宛署杂记》卷十一）

尊老不只限于对老人生活上的关照，还表现在，达到一定年龄的老人可以享受免除赋税、徭役，甚至刑罚的待遇。《礼记》中的《王制》《祭义》等篇规定，老人从50岁开始不服徭役（秦以后一般改为60岁），80岁开始允许有一个儿子不服徭役，90岁以上则免除全家赋役。在法律上，古代也对老人予以宽容，对于年至八九十岁高龄的"耄"（mào），"虽有罪，不加刑焉"[《礼记·曲礼（上）》]。古代讲究"刑不上大夫"，上述规定实际上把八九十岁的老者看作与大夫同一等级的人。

古代尊老还有一种王杖制度，即：国君在每年秋季赐予境内老人特制的手杖，称为王杖。老人可在行走时用此杖支撑身体，还能凭借此杖仲裁民事纠纷，惩罚不法乡民。可见，王杖是老人荣誉、地位和特权的象征。至于王权的大小，则依年龄的差别分为不同等级。《礼记·工制》云："五十杖于家，六十杖于乡，七十杖于国，八十杖于朝。九十者，天子欲有问焉，则就其室，以珍从。"也就是说，50岁持杖只能在自家显示权威，60岁老人所持王杖在本乡范围有效，70岁持杖老人已在城邑中拥有地位，80岁老人可以持杖出入朝廷。年至90岁的老人，就是天子有事也不能召唤他们了，而需天子亲自登门请教，并且要携带珍贵的礼物。西汉时期曾专门颁布《王杖诏书令》，规定每年仲秋之月，朝廷授王杖给70岁以上的老人，并哺以糜粥，对80岁以上的老人另加赏赐。汉代的王杖长九尺，顶端雕有斑鸠形象。斑鸠为不噎之鸟，意谓老人不噎，安享天年。此后，70岁老人才具备持杖资格。《王杖诏书令》还规定，持杖老人享有多种社会特权。如：社会地位相当于年俸六百石的地方官吏，侮辱或殴打持杖者要以大逆不道罪论斩，享受免除赋税、徭役的优厚待遇，等等。王杖制度主要流行于汉代之前，魏晋南北朝时期礼仪废弛，只有少数皇帝行王杖之礼，唐代之后王杖制度逐渐消亡。

长寿是每个人的愿望。而老寿星成批出现也被统治者视为当朝盛事，颇值宣扬。因此，在王杖之礼废弛后，宋代创设了宴千叟的礼仪，明清盛行一时。宴千叟的具体程序为：国君谕令诸司布告一定年龄（一般为70岁）以上的老人参加，约期在皇宫举行千叟宴。届日，伴随着中和韶乐，京官和众叟分列并进，到固定席位相向而坐，行一叩礼，就位进茶。接着，奉觞饮酒，年逾90岁的老人亲赴国君宝座前行跪拜礼，国君亲赐一卮（zhī，酒器）酒，再分赐食品；受赐者皆在座位上行一叩礼，表示感激。国君随后又赐群臣及众叟膳食佳肴，受者在座位上行一跪三叩礼。然后，国君根据老人的年龄及德行分别给予赏赐。最后，众叟在宫门外行三拜九叩礼谢恩。由于千叟宴突出地显示了对老人的尊重，每次举行均引起社会轰动，有时地方官还为老叟赴京提供车马，故每次参加者都逾千人。清代康熙五十二年（1713），康熙帝为庆祝大寿而举行的千叟宴更是盛况空前。当时，赴京的老人达4000多人，其中80岁以上的就有570余人。乾隆五十年（1785）在乾清宫举行千叟宴，参加者亦达3000多人。千叟宴推动了民间尊老礼俗的流行，但每次均兴师动众，所费颇多，难以经常举行，清朝后期因战乱频仍而逐渐废止。

聚集千叟设宴庆贺，规模盛大，非帝王难以施行。但仅为本家族老人贺寿，则既符合尊老规范，又很容易做到，故在老人生日"做寿"的礼俗在民间广为流行。做寿一般自50岁开始（**50岁以前称为"做生日"**），60岁或80岁以上的老者过生日称"做大寿"。民间做寿大部分在家中进行，通常要设寿堂、燃寿烛、结寿彩。寿堂一般设在正厅，为拜寿之地。若寿星为老翁，寿堂正前方高悬红缎彩绣做的《百寿图》或八仙图所拼的巨型"寿"字，两边是寿联，内容多为"福临寿星门第，春驻年迈人家""觞飞瑶阶来仙祝，瑞霭锦屏见寿星"之类。寿堂正中供"寿星"（**南极老人星**）或"福""禄""寿"三星。案前陈设蜡烛、花筒、香炉等寓意延年益寿的饰物。案上供有寿桃、寿面、寿酒、寿点等物品。如：给老妇做寿，寿堂正前方则悬挂彩色的《五福（蝠）捧寿图》，正中供"麻姑"（传说中的女仙）一尊，其他和老翁相同。做寿要宴请宾客，来贺者多执寿礼，其中以寿桃、寿幛、寿联为多。寿礼开始，寿星穿戴一新，依男左女右坐在堂中供案旁，接受亲友和晚辈拜贺。拜寿照例是两揖三拜，晚辈行跪拜礼。如遇平辈拜寿，受贺者须起身请对方免礼。若晚辈中有未成年的小儿叩拜，受贺者须给些赏钱。若受贺者尚有长辈健在，须让长辈坐在受贺席上。此外，凡直系亲属拜寿，均须在上午寿宴前进行。远亲或朋友则随来随拜。受贺者的晚辈须在寿堂两旁呈八字排开，对前来贺寿的跪拜者逐一还礼。行完拜礼后，摆设宴席，共同饮寿酒，吃寿面。之后，寿星还要携全家在寿堂祭祀"寿星"或"麻姑"。另外，有的人家最后还要"点灯花"，即：用一批灯盘，每个灯盘上放一盏用彩色灯花纸捻成的灯花，蘸上香油点燃。灯花的数目须同寿星岁数相同，一岁一盏，在此基础上再增加两盏，谓之"本命年"一盏，"增寿年"一盏。然后，寿星开始上香，儿女亲友依次跪拜行礼。最后，拜寿的人每人托一灯盘，列队"送驾"，称为"送灯花"。至大门外，众人将"神码""敬神钱粮"等焚化，寿礼才告完成。

总之，尊老养老，特别是孝敬本家族长辈老人，是儒学文化中最基本的道德规范，在古代社会深入人心。元朝曾有人搜集从虞舜、曾参、汉文帝到丁兰、孟宗、黄庭坚等24人的孝行传说故事，编成《二十四孝图》一书，突显古人孝敬的礼俗。《清稗类钞·孝友类》也采录了许多为赡养父母而辞官、为侍奉老父而不嫁、以自身为质赎父亲之罪等孝敬老人的事例。这种种孝行常有浓厚的封建色彩，应理性地加以批判继承，但其确实是古代社会礼教风俗的真实反映。

麻姑献寿图

社交礼俗

第六章

在社会生活中，人与人之间，集团与集团之间，总要进行交际往来。而各种社交活动，可以直接反映每个人的修养水平，因此尤其讲究礼节。

一、跪拜礼

在社交礼俗中，跪拜礼是古代使用时间最长、使用频率最高的基本礼节。它起源于原始社会人们互相致意的姿势，盛行于奴隶社会和封建社会。在民国时期废除跪拜礼之前，它一直在社会活动中普遍流行。《周礼·春官·大祝》把跪拜礼分为九种，合称"九拜"，即稽（qǐ）首、顿首、空首、振动、吉拜、凶拜、奇拜、褒拜和肃拜。

稽首是最隆重的跪拜礼，属于臣拜君、子拜父、学生拜老师，以及拜天、拜神、拜庙之礼。稽首的动作是屈膝跪地，左手按右手，拱手于地，然后头也伏在手前边的地上停留一段时间。因为头至地稽留多时，故称稽首。顿首是地位相等的人互行的跪拜礼，行礼方法与稽首相同，只是俯身引头至地就立即抬起。因为头触地的时间很短，只略作停顿，所以叫顿首。空首是国君回答臣下或尊者对卑者的答拜礼。行空首礼时，身体先取跪姿，然后拱手至地，接着引头至手。所谓"空"，就是头并没有真正叩到地面，而是悬在空中。空首又叫"拜手"，或称为"一拜"。古人在行稽首、顿首礼时，一般要先行拜礼。以上三种是正拜，按清代凌廷堪的《礼经释例》卷一附《周官九拜解》的解释，正拜属"吉事之拜"。

振动、吉拜和凶拜是"凶事之拜"。振动是丧礼中最重的跪拜礼。关于振动的行礼方法，郑玄注解《周礼》释为"战栗变动之拜"，凌廷堪在《礼经释例》释为"拜而成踊谓之振动"。踊，指跳起脚来哭的动作。以此看来，振动是指，行拜礼时，拜者跳脚击手、哭天抢地、浑身战栗不已的状况。吉拜是"拜而后稽颡（sǎng）"，"因以其拜与顿首相近，故谓之吉拜"。凶拜是"稽颡而后拜"（《周礼》，郑玄注）。稽颡也是古代的跪拜礼，其礼为屈膝下拜，以额触地，子为父母、妇人为丈夫或长子居丧时，答拜吊唁宾客行此礼，表示极度悲痛和感激。另外，请罪、投降时，亦行稽颡礼。

奇（jī）拜是指一次拜，褒拜是反复两次以上的拜礼，二者均进一步说明拜的次数，不是独立的拜礼。奇拜、褒拜与上述六种拜礼的关系是"纬"与"经"的关系。稽首都是再拜，没有奇拜的情况，顿首及空首则都有奇拜。而褒拜则适用于稽首、顿首、空首等拜礼。如：乡饮酒礼中所说的"再拜"，就是顿首之褒拜。

肃拜是妇女的正拜，拜仪是屈膝跪地，下手不至于地而头微俯。

男子在军中也行肃拜礼，这是因为将士戴盔披甲，不便于行其他拜礼。肃拜是九拜中礼节最轻的。女子比男子礼轻，大概与母系社会时期女性长期居于受尊敬的地位而不必行大恭大敬之礼的传统习惯有关，而且这种较轻的肃拜只沿用到唐代。武则天自立皇帝后制定礼仪，将女子的拜姿改为正身直立，两手手指相扣放胸前或左腰侧，微俯首，微动手，微屈膝。这种拜仪当时称为"女人拜"。唐宋时期，女人在行这种拜礼时常常口称"万福"，以祝愿对方多福，后来人们就把女人拜叫作"道万福"或"万福礼"。这种拜俗从武则天改制开始，一直沿用到清代。清朝蒲松龄的《聊斋志异》卷四《狐谐》篇载：一名叫万福的儒生在济南收留一夜奔女，自称为狐，极诙谐。一日，万福置酒聚友，其中有个名叫孙得言的客人出一联开万福的玩笑，其联云："妓者出门访情人，来时'万福'，去时'万福'。"众人苦思难对，而狐女对出下联曰："龙王下诏求直谏，鳖也'得言'，龟也'得言'。"顿时，众人"绝倒"。这个故事的寓意无须多论，但也说明"道万福"在清代仍十分普遍。

清代还有一种拜礼叫作三跪九叩礼。据《清宫琐记》载：行此礼时，先放下马蹄袖，然后下跪，上身挺直，将右手伸平举起到鬓角处，手心向前，然后放下，再举起，再放下，这样连举三次站起来，即为一跪。如此三次，即为三跪九叩礼。在一些特别的场合，如大臣被皇帝召见时，大臣还需要叩响头，即：叩头时要使地砖发出咚咚的响声。

另外，还有比拜轻的礼，即双手叠抱胸前拱手致意的揖礼，这是宾主相见的礼节。郑玄注《仪礼·乡饮酒礼》时提到"推手曰揖"。

古代揖礼，根据对象的不同，推手时有高、平、下之别。其中，对庶姓、没有亲属关系者，行礼时俯身，推手稍稍向下，称为"土揖"。对异姓有婚姻关系的，俯身，手从胸前向外平推，叫作"时揖"。对于同族同姓的就用"天揖"，俯身推手时略微向上举高。用于略尊于己者的揖礼，叫作"长揖"，即：行礼时，站立俯身，两手合抱，拱手高举，然后自上而移至最下面。《史记·郦生陆贾列传》记载了郦生见刘邦"长揖不拜"的事。按照礼仪，郦生作为一个贫困儒生，去谒见已统率大军的沛公刘邦，当行跪拜礼。但刘邦"倨床使两女子洗足而见郦生"，很不礼貌，郦生十分不满，便只长揖为礼。后来，长揖成为不分尊卑的主客相见礼。《明史·海瑞传》载："御史诣学官，属吏咸伏谒，瑞独长揖，曰：'台谒当以属礼，此堂，师长教士地，不当屈。'"面对上官，只有海瑞行长揖礼，突出地反映了他不媚权贵的性格。

二、士相见礼

士是商周时期贵族中最低的等级，也是贵族之中人数最多的阶层。士大抵受过教育，有知识，有才能，在春秋战国时期又是最活跃的社会阶层。因此，先秦的礼仪制度大部分是以士的举止为基础制定的。士与各级贵族的相见礼也有许多仪节，《仪礼》便专门设有《士相见礼》的篇章。

士与尊者相见，为表示敬意必须携带礼物，称为"执挚"。按照《士相见礼》的规定，士之"挚"为雉，即野鸡。为什么用雉呢？郑玄注说，是取雉"交有时，别有伦"之义。古人认为，雉"交接有时，至于别后则雄雌不杂"（《仪礼·士相见礼》，贾公彦疏），士也应该像雉那样守信义。由于雉要用死的（有"为君致死"的意思），如果在夏天，为防止雉腐烂，则用干雉，称为"腒"（jū）。因为无挚不成礼，其他阶层相见也必须执挚。挚的品种也按等级划分，各不相同。天子与诸侯相见，要赐鬯，即：以郁金草和黑黍酿造的美酒为挚。诸侯的挚用玉器，按公、侯、伯、子、男的不同等级而有所区别。公用桓圭（圭为上端饰三角状的长条形玉器），圭上饰栋梁之形，象征邦国中坚。侯用信圭，圭上饰人身之形，象征慎行保身。伯用躬圭，圭上饰人四体之形，象征忠信谨敬以事上。子用谷璧（璧为正中有孔的平圆形玉器），璧上饰谷形，象征以谷奉宗庙养万民。男用蒲璧，璧上饰蒲草之形，象征安民之意（蒲可制席，居席为安）。至于其他阶层相见，"孤①执皮帛，卿执羔，大夫执雁，士执雉，庶人执鹜（鸭子），工商执鸡"（《周礼·春官·大宗伯》）。

士与士初次相见，主人要辞见，表示不敢屈辱大驾前来拜会。经来宾一再恳请，主人才迎出大门，互行拜礼。然后，主人三揖自右入门，宾自左入门。宾奉上礼品，主人经三次辞谢，在庭中受挚。主人之所以不在堂上接受礼物，是因为国君在堂上受挚，士不能比拟于国君。主人受挚后则请求回访来宾，待再次见面，主人就把宾客拿来的挚还回，宾辞让后受挚。如果是士见大夫，主人待宾拜见后，走出大门外就还其挚。只有臣见君才不还挚。但是，如果此国之臣以挚见彼国之君，那么国君也要派摈（负责接待宾者）还挚。

---

① 这里指少师、少傅、少保三孤。

相见总要谈话，就连言谈的内容也有规定："与君言，言使臣（任用群臣）；与大人（指卿大夫）言，言事君；与老者言，言使弟子；与幼者言，言孝弟（悌）于父兄；与众言，言忠信慈祥；与居官者（指士以下任职者）言，言忠信。"（《士相见礼》）与卿大夫谈话时，《士相见礼》要求："凡与大人言，始视面，中视抱[①]，卒视面，毋改。"即一开始要观察对方脸色，看是否可以讲话；说话时，不能一直盯着对方的脸，视线只应停在其衣领处；谈话完毕，再"视面"，以察看对方是否赞同自己的意见。在整个交谈过程中，都要"毋改"，即：面容严肃，身体端正，不可随便改变姿势，以免被对方认为懈惰、不虚心。不发言时，要"立则视足，坐则视膝"，不可目光游移不定，不专心听讲。

陪坐在卿大夫等"君子"处所时，看到其有"欠伸"（打哈欠、伸懒腰）、变动坐姿或席位，以及问讯时日早晚、饭食是否备好等表示疲倦的言行时，也就应该主动告退了。退出时，主人起身相送，要阻挡辞谢。一般主人相送到门时，要有"三辞"：一辞而许送叫作"礼辞"，再辞而许送叫作"固辞"，三辞不许再送叫作"终辞"。

士相见的礼仪反映了谦恭待人的思想风貌，后世多有沿袭。如：初次拜访送上见面礼，与"执挚"意味相同；而告别时一再请主人留步，也属于"三辞"的礼节。

三、送礼与名帖

上述士相见要奉上礼物，又称"执挚"，只是一种礼节。后来，

---

① 即袷，古时交叠于胸前的衣领。

凡是为表礼敬而送物品于人，就直接称为送"礼"了。

在中国古代社会，社交活动中送礼是必不可少的。发展到后来，其中的奥妙越来越多。给别人送礼，亲戚有远近，朋友有厚薄，礼物有轻重，要估量厚薄，权衡轻重，掌握尺度就要经过一番斟酌。"来而不往非礼也。"不但需权衡送出去的礼物，而且要估计人家送来的礼物。估计对方可能送什么，考虑如何回礼或赏送礼的人，这又需要有预见性，更非易事。古典小说《红楼梦》是反映封建社会后期社会状况的名著，记载了大量关于送礼的事例。邓云乡著《红楼风俗谭》①把其中的送礼分为八类：一是纯属友谊情感的馈赠。如：第三十一回写史湘云送姐妹们绛纹石戒指，东西虽小，但有送有收，也属送礼。二是初次见面的馈赠，即常说的见面礼。其中，有为友情的，有因礼貌的，还有另存目的的，情况较为复杂。三是红白喜事的送礼。娶亲、聘女、过寿是红喜事；死人是丧事，但白寿也当喜事办，叫作"白喜事"。此外，尚有盖房上梁、乔迁新居、做佛事等，都当喜事送礼。各种红白喜事送礼，除了关系特殊者外，一般"礼"的成分多而"情"的成分少。四是生日送礼。一般情况下，生日送礼与整寿祝寿的礼不同，所送礼物也因过生日者的身份地位不同而有区别。五是节礼。过年、元宵、清明、端午、中秋、冬至、腊八等大小节日都要送礼。节礼亲友之间要送，上下级之间要送，宫廷也要向王公贵戚家送。不过，宫廷送节礼不说"送"，而叫作"赏"。还有借送节礼来"打秋风"的，即：倚仗权势，借着给富豪之家送一点儿不值钱的礼物（如年节送对联等），换取银钱财物等价值更大的回礼。这是以

---

① 邓云乡.红楼风俗谭 [M].北京：中华书局，1987.

送礼为名，图利是实。六是送特产。这在过去叫作"馈送土仪"。古代旅行不易，长途跋涉到外地，总要带些地方特产送礼。如：《红楼梦》第十六回写黛玉从江南回来，"将些纸笔等物分送与宝钗、迎春、宝玉等"，也属于这一类。七是穷富亲友之间的礼物。如：刘姥姥和荣国府之间的礼物往来，虽然刘姥姥只送了一些瓜果干菜却得到了更多的回礼和资助，但其性质不同于"打秋风"或敲竹杠。八是钻营送礼。这是以送礼为手段，结交权贵，拉拢关系，进而达到投机钻营的目的，得到更大好处。以上八种，概括了送礼的大体类型。

一般红白喜事，各种大礼，送礼要有礼单，收礼要有礼账。送厚礼讲究四色、八色，不能送单数。呈上礼单后，收礼的人可以照单全收，也可全不收。而大多数情况是，收几样退几样，礼单上所列的，在收的物品下注明"敬领"，在不收的物品下注明"敬谢"，然后把礼单交送礼的人带回给其主人。记礼账的目的主要是预备将来对方有事还礼时查考。对于送礼者，则按例要给赏钱，以示犒劳。

与送礼相关联的还有"名帖"。名帖又称"帖子"，相当于今天的名片。名帖在我国起源很早。据载，秦汉时期，人们在拜访谒见时，就开始用名帖通报姓名。不过，那时的名帖是把竹木片削平，上书自己的名字，名称为"谒"，后来又称"刺"。《史记·郦生陆贾列传》记载：汉高祖刘邦引兵过陈留（**今河南开封东南**），郦食其"踵军门上谒"，求见刘邦。刘邦以为郦食其只是一个普通"儒人"，不愿见，便派使者辞谢。"郦生瞋目案剑叱使者曰：'走！复入言沛公，……使者惧而失谒，跪拾谒，还走，复入报曰：'客，天下壮士也，叱臣，臣恐，至失谒。'"刘邦这才召见郦生。这里提到的"谒"，就是名帖。东汉之后，造纸术得以改进，人们开始用纸制作名帖，名帖又有了"名""名纸""名刺"等名称。有的名帖除了写有乡里、姓名外，还写有名帖主人的官爵，故又称"爵里刺"。唐宋时期官僚士大夫中流行的"门状"，明清时期下属见上司或门生见老师所用的"手本"，也都属于名帖的范畴。

名帖的作用，当初是人们在登门拜访求见时，用来通报自己姓名的，但后来又出现了逢年过节，本人不登门而派仆从到亲戚朋友家投送名刺，以此祝贺节日的现象。南宋周密的《癸辛杂识》说："节序交贺之礼，不能亲至者，每以束刺金（通签）名于上，使一仆遍投之，俗以为常。"此书还记了这样一件趣事："余表舅吴四丈性滑稽，适节日无仆可出，徘徊门首。恰友人沈子公仆送刺至，漫取视之，类皆亲故，于是酌（饮）之以酒，阴（暗中）以己刺尽易（交换）之。沈仆不悟（未察觉），因往遍投之，悉（全部）吴刺也。"吴四丈的掉包计颇为巧妙，一时成为人们相互传说的笑话。这种逢节遍投名帖的现象，类似于现如今辞旧岁迎新年之际，人们互相寄送贺年卡以及打电话或发信息祝福对方。

古人对名帖十分看重，几乎成为本人的代表，送礼时派人携带礼物的同时拿着名帖，就等于自己亲自送去，显得更为礼貌郑重。所以，封建社会后期达官显贵派仆人送礼，一般同时呈上本人名帖以示恭敬。如《红楼梦》第十一回写贾敬过生日，贾蓉谈及："方才南安郡王、东平郡王、西宁郡王、北静郡王四家王爷，并镇国公牛府等六家，忠靖侯史府等八家，都差人持名帖送寿礼来，……"

此外，明清时期请客赴宴、请医生来家治病等，也用名帖。让人拿名帖去请，就如同本人亲自去请。对方收下名帖就是接受本人亲自去请；而退回名帖并不是不接受邀请，只是不敢承当本人亲自去请的礼节。《红楼梦》第十回记贾珍给秦可卿请医生，说："我已叫人拿我的名帖去请了。"去的人回来禀报道："奴才方才到了冯大爷家，拿了老爷名帖请那先生去，那先生说是：'方才这里大爷也和我说了，但只今日拜了一天的客，才回家，此时精神实在不能支持，就是去到府上也不能看脉，须得调息一夜，明日务必到府。'他又说：'医学浅薄，本不敢当此重荐；因冯大爷和府上既已如此说了，又不得不去。你先替我回明大人就是了。大人的名帖，着实不敢当。'还叫奴才拿回来了。"这里描述的就是当时使用名帖请医生的一种情况。

四、生日与祝寿

生日是人来到世上的纪念日，对本人具有特别的意义，因而庆贺生日颇为流行；而向别人祝寿，则成为社交活动的一项内容。

在我国，"上寿"，即别人祝寿的风气开始很早。金文中就有多种写法的"寿"字出现，说明商周时期已有祝寿的活动。但当时祝寿并不是固定在出生纪念日。普通平民何时把祝寿与生日联系起来，因缺乏记载而难以确考。不过，据清代钱大昕考证，封建帝王确定在生日举行大型祝寿活动始于唐代（《十驾斋养新录》卷十九）。唐代开元十七年（729）八月，唐玄宗置酒宴招待群臣，庆祝自己的生日。宴会后，尚书左丞相源乾曜（yào）、右丞相张说率文武百官上表，请以玄宗生日八月五日那天为"千秋节"。此后，唐朝皇帝不但在生日祝寿，而且除德宗外，都为生日取了专用的名称。如：肃宗生日叫作"天成地平节"，武宗生日叫作"庆阳节"，宣宗生日叫作"寿昌节"，昭宗生日叫作"嘉会节"，等等。唐代自玄宗始，每逢皇帝生日，全国休假三日举行庆祝活动，"朝野同欢"。在京城，群臣向皇帝祝寿，献上甘露、醇酎（zhòu）和"万岁寿酒"。各道节度使为博得皇帝欢心，则献上大量珍物宝玩。京城以外的官吏百姓也要"作寿酒宴"，庆贺皇帝生日。宫廷与民间的风气是互相影响的，源乾曜等人不会突发奇想而上表，而"千秋节"确定后民间也不会不受感染。可以说，最晚至唐代，祝贺生日之风已经兴起。

据《宋史·礼志》载：大中祥符五年（1012）十一月，宰相王旦生日，宋真宗诏赐羊30头、酒50壶、米面各20斛，并允许他摆宴、奏乐，大加庆贺。除宰相外，宋代亲王及皇帝宠爱的高级官僚每逢生日，皇帝都会赏赐礼物以示祝贺。由于封建帝王倡导，上行下效，各级官僚借送生日贺礼之机拉关系、交权贵，在宋代成为普遍的风气。南宋李心传的《建炎以来系年要录》载，奸臣秦桧擅权时，"四方皆以其生日致馈。其后州郡监司率受此礼，极其僭侈"。绍兴二十六年（1156），为煞僭侈之风，宋高宗曾下诏禁止在职官吏过生日收贺礼。但从各种文献记载看，这道禁令并没有起太大作用，其后送生日贺礼之风仍然盛行。除了生日送财物外，宋代还有生日献诗词的风气。大文学家苏轼的《东坡全集》中就有多首祝贺生日的诗，如《表弟程德孺生日诗》《乐全先生生日以铁柱杖为寿诗》等。明清时期，还有以绘有寿星的画轴作为生日贺礼的。不过，据《十驾斋养新录》卷十九载：当时的风气是"只受文字，其画却回，但为礼数而已"；而且画轴常常不打开就退回，故而出现了"无寿星画者，但有它画轴"，就以"红绣囊缄之"滥竽充数的现象。《十驾斋养新录》就记有一个这样的事例：当时，有一个名叫王安礼的州官过生日，其属吏依照礼节送上许多画轴。王安礼忽然心血来潮，下令将所有画轴启封，展开挂在厅堂中，以显示生日之隆重。但是，当他兴高采烈地率领众来宾参观这些礼品时，发现画轴中有画着佛像的，有绘着鬼神的，更有甚者，图上竟是两只猫，真是令人哭笑不得。

祝寿一般在生日当天，家属及宗族、戚友都要行拜礼并颂念祝贺言辞，故又称"拜寿"。也有在前一天晚上就贺寿的，称为"预祝"。如有人在生日第二天前往贺寿，则叫作"补祝"。

还有一种特殊的情况，即：古代还盛行为已经去世的祖父母或父母在他们诞辰纪念日"称觞祝寿"，叫作"冥寿""阴寿"或"冥庆""阴庆"。据清代范祖述的《杭俗遗风》载：冥寿之礼，大体如同为生者做寿。凡在家中做冥寿，子孙要身穿彩服，设置寿堂，宗族及亲友登堂拜祝。冥寿礼品不得送对联，可送寿屏、寿轴。送寿轴者，上书"仙山不老，佛国长存"等字样，也有单写一个"庆"字的。如送桃、糕、烛、面之类，须加纸元宝十副、糖茶两杯，而不送鞋袜。家中冥庆不拜忏[①]，酒席荤素均可，以素席为多。如在寺院做阴寿，则必须拜忏，或一日或三日或七日不等，以圆满之日为正日。更为隆重者，要拜水陆道场，由49个和尚拜忏七七四十九天。事毕，阴寿者牌位可放入寺院中的根本堂，以承受香火。做冥寿表达了古人对已故先人的怀念，这一习俗一直沿至近现代。如今，也有纪念某某已故名

---

① 拜忏：僧尼为信徒诵经忏悔的仪式。

人诞辰多少周年的活动，当属其遗风。

五、结拜与连宗

在古代的社交活动中，还流行"结拜"与"连宗"的风气。

结拜也称拜把子，是异姓好友为使关系更加密切，不管分别来自何方，也不论各自的家庭背景，只要通过一种仪式结拜之后，就互相以兄弟姊妹相称。民间叫作干兄弟、把兄弟或干姊妹。不但结拜者来往如同兄弟姐妹，双方家人也如至亲往来，称呼如同家人，叫作"干亲"。结拜兄弟最广为人知的，大概要数《三国演义》第一回描写的刘备、关羽、张飞"桃园豪杰三结义"。当时，"三人焚香再拜"，共发誓言："念刘备、关羽、张飞，虽然异姓，既结为兄弟，则同心协力，救困扶危，上报国家，下安黎庶。不求同年同月同日生，只愿同年同月同日死。皇天后土，实鉴此心。背义忘恩，天人共戮！"其中，"不求同年同月同日生，只愿同年同月同日死"几乎成为后来结拜者必说的口头禅。桃园结义虽为小说中的故事，但三国时期已时兴结拜确实是事实。《太平御览》卷四〇七引《吴录》记载："张温英才瑰玮，拜中郎将，聘蜀与诸葛亮结金兰之好焉。"所谓"结金兰之好"就是结拜，其典出自《易·系辞（上）》："二人同心，其利断金；同心之言，其臭如兰。"意思是说，二人同心协力，能够把坚硬的金属截断；心心相印的语言，像兰花一样香馥芬芳。这是用"金兰"形容二人情投意合。南朝宋刘义庆在《世说新语·贤媛》中记述竹林七贤中山涛与嵇康、阮籍的友谊时说："山公与嵇、阮一面，契若金兰。"

后来，"金兰"就引申为结拜兄弟姊妹的代用词。

结拜的主要礼仪是焚香祭祀、跪拜磕头、共立誓言和互相"换帖"。帖是一种书面文契，一般用长条红纸来回折叠几次，成信封大小，再在封面写上《金兰谱》或《兰谱》。帖里面则大抵写有结拜人某某等二人或若干人，因交情日笃，友谊深厚，愿意结拜为异姓兄弟或姊妹；然后写明姓名、籍贯、年岁、八字（**出生年、月、日、时的干支**），以及父、祖、曾祖的姓名、出身、官职等；最后标明结拜的年月日，结拜人均签名盖章或按指纹。在祭祀完各人的祖先之后，互相交换此帖，每人保存一份，便算正式结拜为兄弟姊妹了。结义兄弟姊妹要求"有难同当，有福同享"。正如明代梁辰鱼的《浣纱记》所说："三年曾结盟，百岁图欢庆。"

结拜虽有情义在内，但实际上是古代扩大社会势力的一种办法。与此相似的还有"连宗"。所谓连宗，就是陌生、不相干的同姓人互相认作本家。《红楼梦》第六回谈及王熙凤祖父与一户小小人家（**刘姥姥的女婿王狗儿**）祖上连宗的事："原来这小小之家，姓王，乃本地人氏，祖上也做过一个小小京官，昔年曾与凤姐之祖王夫人之父认识。因贪王家的势利，便连了宗，认作侄儿。"这种连宗的理由，表面上常说："五百年前是一家，一笔写不出两个王字。"其实，同姓未必同宗。就王姓来说，先秦时期，帝王的子孙多称王子、王孙，他们的后人就有不少称为王氏。例如：商代王子比干、周朝王子晋、战国时期魏国信陵君无忌等，都有子孙称为王氏。王姓来源不一，分支众多，如无家谱记载，同宗的可能性是很小的。

如果有家谱可查的同族认亲，则称为"认宗"。古代有写家谱的习俗，一般大户都要立祠堂，修家谱，常常上推到十几代，甚至数十代的繁衍分支情况。如果属于"同谱"，即同一宗族的人，虽然出于种种原因多年，甚至几代没有往来，但只要有一方到另一方登门拜访，对上家谱，就可以认作本家。如：《红楼梦》中的贾雨村，因为与荣国府同谱，一到京城就拿着"宗侄"的名帖去拜见贾政。认宗之后，贾政成为他的宗叔，宝玉等人成为他的族弟，这就成为走得很近的同族本家人。

认宗因为有据可查，递个写明宗族关系的名帖就行了；而连宗则一般还要举行仪式。有祠堂的要到祠堂中烧香，要通知族人参加，排列辈分后要写到家谱中，以后就要按照本族人、本家人的"礼数"来往了。一般情况下，连宗双方的社会地位及势力并不对等，有的甚至还十分悬殊。如：京城一个"小小人家"竟可与列入"护官符"、被誉为"东海缺少白玉床，龙王来请金陵王"的显赫名宦之家连宗。等级森严的封建社会存在这一礼俗，似乎不好理解。那么，原因在哪里呢？这是因为，古代社会有着很强的宗法氏族观念。在宗法社会中，氏族是社会的重要组成单位，各个氏族集团都讲究人财两旺，即人丁越多越好，财产也越多越好，而且把人丁放在第一位，因为只有人多才可势众。一方面那些寒门小户，因势孤力单，为在社会上寻求照应，当然要趋炎附势，想方设法通过连宗、认宗高攀权贵，进而希求有所发展。另一方面，那些有权有势的富贵之家，多一门本家就等于扩大一点儿势力。为了壮大门庭，他们也乐于接纳那些追随投靠者。说穿了，连宗实质是封建宗法社会中人们因权势、利益而互相联络利用的一种手段。

第七章

节庆礼俗

几千年来，我国古代逐渐形成一系列岁时传统节日。唐宋时期，岁时节日已经呈现出以朝廷活动为主导的特征，社会意义更加明显。如：宋代规定岁时节日都要放假，其中元日（**春节**）、寒食节、冬至，各放假七日；上元、夏至、中元、下元、腊日（**腊八节**），各放假三日；立春、人日、中和节（**二月初二**）、春分、社日、清明、上巳、立夏、端午、初伏、中伏、立秋、七夕、末伏、秋分、授衣、重阳、立冬，各放假一日。后来，随着人们对这些节日意义认识和评价的变化，各个节日放假时间有所调整，但主要节日休假欢庆已成为惯例。每当逢年过节，上至宫廷皇族，下到庶民百姓，都会庆祝热闹一番。在这类节庆活动中，一些相应的礼俗也应运而生了，有的甚至流传至今。下面选择几种重要的传统节日略加叙述。

一、春节

春节，即农历正月初一，古代又叫元旦、元日、元会、元朔、正旦、新正、新春等，民间称为新年。春节起源于原始社会的"蜡（zhà）祭"。蜡祭是古人在年终举行的庆祝农业丰收的报谢典礼，后来逐渐发展为我国最盛大的传统节日。

春节虽然指农历一年的第一天，但习惯上人们的过年活动往往进入腊月就已开始，一直延续到元宵节。腊月初八要吃腊八粥，并馈送亲友。《东京梦华录》卷十明确记载："初八日……诸大寺作浴佛会，并送七宝五味粥与门徒，谓之腊八粥。都人是日各家亦以果子杂料煮粥而食也。"腊月二十三（或二十四）要祭灶，送灶王爷上天，到除夕夜再接新灶王回来。年前还要"扫年"，即进行大扫除。扫年起源于古人驱除病疫的一种宗教仪式，后来逐渐演变为年终扫除秽气、晦气、穷气的重要活动。据宋代吴自牧的《梦粱录》载："十二月尽，士庶家不论大小，俱洒扫门闾，去尘秽，净庭户，以祈新岁之安。"

到大年三十，则是准备过年的高潮。换门神、贴春联、挂年画等各项工作都要完备。门神与春联也因门第等级差异而有所区别。门神据说原来画的是神荼、郁垒二神，因二神形貌凶悍，可以除害，其实只是两个武将的形象。唐代以后，大多以唐初的两员名将秦叔宝和尉迟敬德为门神。据《三教搜神大全》载：有一次，唐太宗生病，听到门外有鬼魅呼号，便命令秦叔宝和尉迟敬德身穿戎装站在门外侍卫，当夜果然无事。于是，他就命画工绘出二人全副武装的画像，挂在宫门上。后代沿袭，二将便成了辟邪的门神。一般人家只有大门贴门神，但是孔子嫡系长子长孙的住宅"衍圣公府"则门神种类繁多，颇有讲究。孔府的大门、二门、内宅门和外院的大门贴的都是武门神，两员大将身披铠甲，头戴红缨盔，手执长杆金瓜（**兵器**）端正站立。

府内各房里外门上都是文门神，有"加官进爵""带子上朝""福禄寿喜""子孙满堂""当朝一品"等。[①]后来，也有在门上贴"福"字以求得福的，但"福"字要倒着贴。倒贴"福"字，据说起源于清代恭亲王府。有一年春节前夕，大管家为讨主子欢心，写了几个斗大的"福"字，叫人贴在库房和王府门上。有一个家丁不识字，竟将大门上的福字贴倒了。恭亲王的福晋（**亲王之妻**）发现后，欲鞭打那个家丁。幸好大管家是个能说善辩的人，他怕主子怪罪下来牵连到自己，慌忙跪倒解释："奴才常听人说，恭亲王寿高福大造化大，如今大'福'真的倒了，乃吉庆之兆。"管家借用"倒"字的谐音诡辩，显示了其随机应变的才能，也正好迎合了福晋希望佳节得福的心理。加之福晋听到过往行人都口中念叨"恭王府福到（**倒**）了"，认为很吉利，不但没有处罚大管家和家丁，还每人赏了50两银子。之后"福"字倒贴成为时尚，正贴反而为人所忌讳。

不过，亦须指出，福字倒贴是有讲究的。房屋内贴的"福"字斗方适合倒着贴，家里即使把"福"颠倒了，也是倒在自己家内，福气也被关在自家屋里，满屋充满了福气。贴在水缸、垃圾箱、衣柜等家具上的小"福"字也必须倒着贴。水缸和垃圾箱里的东西要从里边倒出来。为了避讳把家里的福气倒掉，便倒贴"福"字。这种作法巧妙地利用了"倒"字的同音字"到"，以"福至"来抵消"福去"，用来表达对幸福生活的向往和祝愿。柜子是存放物品的地方，倒贴"福"字表示福气会一直来到家里、屋里和柜子里，并且能够将福气留住。在水缸、垃圾箱、衣柜上倒贴小"福"字还有小"福"不到大

---

① 孔繁银.孔府是如何过春节的［J］.文史知识，1987（10）.

"福"不来的寓意。此外，如果一年当中家里有人不幸亡故或遇到灾难，希望转运，也可以将"福"字倒贴。当然，不是所有"福"字都要倒着贴，尤其是大门、院内、客厅的显要处，"福"字多不倒着贴。大门上的"福"字有"迎福"和"纳福"之意，而且大门是家庭的出入口，是表示庄重恭敬的地方，所贴的"福"字须严肃郑重，端庄大方，故通常正贴。

春联起源于古代的桃符，但明确命名春联则始于明太祖朱元璋。清初陈尚古的《簪云楼杂说》载："帝都金陵，于除夕前忽传旨：公卿士庶家，门上须加春联一副。"之后，春节贴春联便成为家家户户过节必不可少的项目。一般的春联主要是表示喜庆、祝愿吉祥的内容，但孔府则时时不忘"别尊卑""守礼法"。如孔府前上房贴的春联是："居家当思：清内外，别尊卑，重勤俭，择朋友，有益于己；处事尤宜：慎言语，守礼法，远小人，亲君子，无愧于心。"

除门神、春联外，室内还要挂年画。年画是由门神画演变而来的，但二者至少在宋代已经分流，年画进入厅堂和居室。现存最早的木刻年画是宋版《随朝窈窕呈倾国之芳容》，其上画有王昭君、赵飞燕、班姬、绿珠四位美女，故又称《四美图》。明末清初出现了天津杨柳青、苏州桃花坞、山东潍县"三大民间木刻年画"中心。河南朱仙镇、河北武强、福建漳州的年画在套印上亦各具特色。传统年画题材多以五谷丰登、春牛、婴儿、风景、花鸟为内容，色彩鲜明，画面热闹，很好地烘托了节日气氛。直至今日，春节挂年画仍风行全国。

杨柳青年画《五子夺莲》　　　　　　　杨柳青年画《瓣瓜露子》

　　除夕与元旦是春节的正日，显示尊卑礼法的活动也最多。春节祭神祀祖是第一桩大事，几千年来一直延续不断。清代富察敦崇的《燕京岁时记》载："每届除夕，列长案于中庭，供以百分。百分者，乃诸天神圣之全图也。百分之前，陈设蜜供（**一种满裹糖蜜的酥炸面条黏合成块状的甜点**）一层，苹果、干果、馒头、素菜、年糕各一层，谓之全供。供上签以通草八仙及石榴、元宝等，谓之供佛花。及接神时，将百分焚化，接递烧香，至灯节乃止，谓之天地桌。"这种祭神活动十分普遍，各阶层虽然陈设繁简不同，但大抵都要摆供烧香。祭祖活动则以孔府较为典型。每逢除夕，孔府公爷（**衍圣公**）、太太都要先后分别祭拜家庙、桃庙（**远祖庙**）、影堂、慕思堂、新祠堂等，每桌摆10大碗供菜、两盘馍、三杯奠酒，磕辞岁头。公爷拜庙时，由赞礼生提着提炉、纱灯、罩子灯各一对在前面引导。太太拜庙则由女仆伺候。此外，还要拜佛堂、观音菩萨。公爷、太太拜完家庙等处回到堂楼，分别接受阖府人员、各房各作磕辞岁头。

　　正月初一通常从半夜子时算起。子时一到，就开始"接神"，从此夜里不许熄灯。接神一般是接财神或喜神。接神仪式是向财神或喜神的方向行百余步，焚香叩拜，然后挑灯引路，接入家中。此外，还要燃放爆仗送年。凌晨首次打开房门，当即就要在庭前燃鞭炮放爆仗，以辟鬼邪妖祟，名为"开门爆仗"。爆仗又名爆竹，诞生于2000多年前。当时，古人用火焚烧竹竿，竹竿受热爆裂开来发出声响，确实是名副其实的"爆竹"，唐代也叫"爆竿"。后来，爆竹演变成以纸卷火药的形式，又称"爆仗"和"鞭炮"。以爆竹辟鬼祟，其说始于汉代。据西汉东方朔《神异经》载：古代西方山中有一种一尺多高的人形怪物，叫作山魈（xiāo）。它不怕人，可是人要碰到它，就会发冷发热害起病来。这种怪物最怕声响，于是人们将竹竿放在火中焚烧，发出噼噼啪啪的响声，山魈就不敢来搅扰了。于是，爆竹辟鬼成为一种风俗。而正月初一开门爆竹，南北朝时期已颇为盛行。南朝梁宗懔所著《荆楚岁时记》载："正月一日，是三元之日也，鸡鸣而起，先于庭前爆竹，以辟山魈恶鬼。"这种习俗一直沿袭下来。清代顾禄在《清嘉录》亦说："岁朝开门，放爆仗三声，云辟疫疠（lì），谓之'开门爆仗'。"爆仗一般用红纸包皮，燃放后红纸片铺满地面，谓之"满地红"，也是喜庆吉利的象征。

随着开门爆仗的声声巨响，各种祭拜和拜年活动就开始了。在孔府，早饭前衍圣公要先拜孔庙。公爷有时不去拜庙，就委派孔家老族长去拜孔庙。拜庙时，有"百户""管勾""诗乐""典籍"四路官员陪拜。孔子像前要先供整猪、整羊、黄酒、檀香等，再由赞礼生鸣唱，行三跪九叩礼，陪拜官员也陪同跪拜。祭完孔庙、家庙后，衍圣公及夫人开始用早饭，通常是摆酒席吃水饺，女仆们给公爷、太太每人敬一次酒，磕一个头。正月初一吃水饺的风俗大约始于明代。至清代，"每届初一，无论贫富贵贱，皆以白面作角而食之，谓之煮饽饽，举国皆然，无不同也"（《燕京岁时记》）。饺子成为春节食品，原因有二：一是饺子形如元宝，春节吃饺子有"招财进宝"的意思。二是饺子有馅，便于人们把各种吉祥的东西包进馅里，用以寄托对新岁的祈望。如：包进金如意，表示来年万事如意；包进糖和蜜，表示来年的日子更甜蜜；包进长生果（花生仁儿），表示祝愿长者健康长寿等。后来，正月初一吃水饺，主要盛行于北方，南方新年头一餐则有所变化：有的人家吃面条，寓意人人长寿；有的吃汤圆，象征团团圆圆；也有的吃年糕，希求生活各方面一年更比一年高。

拜年正式开始后，先是在家内拜长辈、拜主人。对此，《荆楚岁时记》曰："长幼悉正衣冠，以次拜贺，进椒柏酒……"椒柏酒是用花椒和柏叶浸制的酒。古人认为，椒是玉衡星的精灵，柏是一种仙药，服用能使人延年益寿。因此，向家长拜年并进椒柏酒，有祝贺他们长寿的含义。而在孔府，公爷和太太在早饭后并排坐在前堂楼屋门口，接受全府人员的礼拜。首先，三班奉卫队给公爷、太太各行三次礼，然后孔林、孔庙及各房管事、各作仆役按次序拜年，最后女仆、丫鬟给公爷、太太等磕头。拜完家长后，各家各户纷纷走出家门，往来于上司、同事、亲戚、朋友等处，登门拜年。这是表示礼敬、联络感情、加强交际的重要活动。出门拜年时，路上逢人都应行礼祝吉。也有本人不出门，"遣子弟代贺"的。自宋代始，显贵绅衿之间流行"飞帖"拜年，即：正月初一，家主不亲往，而是派仆人送贺柬给亲戚和友人；接到贺柬者，也以同样的方式回拜。即使平素无甚交往之人，也大多飞帖道贺。《文待诏集》有拜年诗云："不求见面惟通谒，名纸朝来满敝庐。"明清时期还时兴"拜盒",即:将贺年片放在锦盒里送给对方,以示庄重。拜年一般从初一开始至初五结束。如果初六至十五才登门拜年,就是"拜晚年"了。

春节期间,也有许多禁忌。古人把正月初一至初八依次定为鸡日、狗日、猪日、羊日、牛日、马日、人日和谷日,并用当天天气的风雪阴晴来预兆其一年的兴衰。这是在古代科学和生产力不发达的情况下,人们祈求天地诸神保佑人口太平、庄稼茂盛、六畜兴旺的一种愿望。在八日中,人们最重视的是人日。每逢人日,人们便用七样菜做成菜羹食用;用五色彩绸剪成人形,或雕刻金铂为人形,贴在屏风上,也有的妇人戴在头上,寓含人进入新年后形貌、精神都一改旧态而成为新人之意;也有的制成花形首饰互相赠送,以祈福避灾;还有的地区要登高宴会,吟赋诗歌。就是官府,也禁止在初七那天行刑处决犯人。而其他七日,亦分别不许屠宰鸡、狗、猪、羊等。另外,还有一些禁忌一直沿袭到现代,如正月初一至初三不倒垃圾,否则会被认为破财;同时,禁动刀剪针线,忌摔坏东西,讳说"死"字等,否则会被认为不吉利。这些都反映了人们在新岁之初祈望接下来的一年顺遂的心理。

二、立春

立春是农历二十四节气中的第一个节气。立春不仅象征着春天的来临,也预示着一年农事活动的开始。"一年之计在于春。"我国人民对春天的到来寄予希望,因此历来都很重视这个节日。这一天,古代帝王常常率领群臣举行隆重的迎春大典,有的还亲自扶犁耕地,表示对农耕的重视。《汉书·文帝纪》记载：汉文帝在即位第二年春正月，就下发诏书称"朕亲率耕"，以后汉景帝、汉武帝等在诏书中也都表达过相同的内容。这种迎春仪式一直沿袭到清朝。

除举行迎春大典外，立春那天还有大型"打春牛"活动。牛是古代农业的主要工具，也是农事的象征。打春牛也称"鞭春"或"打春"，就是在立春日鞭打用黄泥造的土牛，以勉励农事，促使人们重视农业生产。在宋代，鞭春牛非常普遍，据《东京梦华录》卷六记载："立春前一日，开封府进春牛入禁中鞭春。"开封、祥符两县也要在立春前一天，把春牛放置于开封府前，至立春日早晨开封府僚要率部下打春牛。各州县也要"依形色造土牛、耕人，以立春日示众"（《岁时广记》卷八）。打春牛是一种鞭策耕牛、勉励农耕的仪式。牛休息一冬后，人们怕它们懒散，就用彩鞭木棍策其辛勤耕耘。据宋代陈元靓的《岁时广记》卷八记载：立春日打春牛时，四周围观的百姓"杂沓如堵"。鞭打完毕，大家顷刻间就把打碎的春牛"分裂都尽"，然后又互相抢夺。古人之所以要抢碎春牛，是因为他们认为这可以带来吉祥。据说，春牛身上的土放在家里，其家适宜养蚕；春牛角上的土放在家里，其家适宜种田，而且五谷丰登。还有一种说法称，这种土能够治病。同时，宋代官府及民间还要制作许多小春牛出售，人们也互相赠送春牛，以预示"丰稔之兆"（《梦粱录》卷一）。皇帝也要在立春日把预先造好的一批小春牛装饰上彩幡和雪柳，分送给王公贵戚。到了清代，礼部直接参与打春活动，仪式也相应有所增加。据《燕京岁时记》记载："立春先一日，顺天府官员至东直门外一里春场迎春。立春日，礼部呈进春山宝座，顺天府呈进春牛图，礼毕回署，引春牛而击之，曰打春。"春山宝座是被奉为春神的太昊（hào）的座位。大约在清代，春山宝座成为打春仪式必备的摆设。

在立春日，人们还要挂春幡、剪春胜。春幡是一种旗帜，汉代多挂在树枝上，作为春天已经来到的象征。到宋代，人们又剪彩绸做成小幡插在头上，成为头上戴的装饰品，叫作春胜。在立春日，皇帝也要按等级赏赐郎官、御史等用绫罗制成的春幡胜，赏赐宰执、亲王等高官金银幡胜。百官进宫贺春一结束，就都戴着幡胜回府，以至形成"彩胜飘扬百辟（泛指公卿大官）冠"的盛况。

唐宋时期还有立春喝春酒、吃春盘的风俗。《四时宝镜》载：在唐代，人们在"立春日，食芦菔（萝卜）、春饼、生菜，号春盘"。从北宋到明清，有许多皇帝在立春日向百官赐春盘或春饼的记载。如：北宋时期，"立春前一日，大内（皇宫）出春饼，并酒以赐近臣。盘中生菜染萝卜为之装饰，置食中"，民间亦以春盘相馈，成为一种互相祝福的礼节（《岁时广记》卷八引《皇朝岁时杂记》）。明清时期，京津地区还有立春日吃生萝卜的习俗，称为"咬春"。据说，咬春可以使人免生疾病。

总之，立春的各种活动都有祈福消灾的寓意。由于宫廷及各级官府直接参与，各种仪式都有规定，立春的礼节色彩也就颇为浓厚了。

三、元宵节

农历正月十五元宵节，是我国的一个重要传统节日。这一天，古代称为"上元"，其夜则称为"元夜""元夕""元宵"。我国古代历法和月相有密切联系，每月十五日必逢满月，叫作"望"。满月象征着团圆美满，人们在正月十五迎来一年之中第一个月满之夜，这一天理所当然地被看作吉日。据《史记·乐书》记载，早在西汉初期，宫廷中就有正月十五祭祀太乙神（**天帝**）、祈求福佑的礼仪活动。

元宵与灯的关系密不可分，张灯、观灯是元宵节最重要的活动，故元宵节又叫"灯节"。元宵放灯据说起源于东汉明帝在位期间。永平十年（67），受汉明帝派遣的蔡愔（yīn）从印度求得佛法，回到京都洛阳，同来的还有西方僧人摄摩腾和竺法兰。明帝亲自出宫恭迎，燃灯拜佛，并在雍门西建白马寺弘扬佛法。这引起了道教的强烈反对。永平十四年（71）正月初一，道士们向朝廷提出要同佛教斗法。正月十五，明帝组织佛道两教在白马寺斗法，结果佛家获胜。明帝更加笃信佛教，正式下令不论平民贵族，每年正月十五，一律要在夜间张灯结彩，表示对佛教的尊崇。此后，元宵节张灯成为惯例，至南北朝时期已蔚然成风。南朝梁简文帝就曾经写过《列灯赋》，专门描写了元宵观灯的盛况。到了唐代，元宵及其前后各一日，正式成为固定假日，各官署都停止办公。《两京新记》云："正月十五日夜，敕金吾弛禁，前后各一日以看灯，光若昼日。"也就是说，唐朝在元宵节期间暂停禁止夜行的法令，让都市的士民尽情游乐。唐玄宗先天二年（713）上元之夜，大开宫门，宫门外"作灯轮（灯树）高二十丈……燃灯五万盏，簇之如花树"，又命宫女及长安少女少妇千余人"于灯轮下踏歌三日夜"（《朝野佥载》）。从此，历朝皇帝都在元宵"御楼观灯"，成为封建帝王炫耀国泰民安的统治秩序，并表明天子与民同乐的一个盛大节日。宋代把元宵节放灯由三夜增为五夜（《乾德五年诏》）。为了鼓励人们到御街观灯，朝廷甚至下诏赏赐观灯者每人御酒一杯，因此观灯者人山人海，十分热闹。永乐七年（1409），明成祖曾下诏，将元宵节休假定为十日，成为当时最长的节假（当时春节官员放假五日，冬至放假三日）。可见，元宵节在历朝历代都倍受重视。

而元宵节观灯对古代妇女来说，则是一年之中最有吸引力的节日活动。按照传统礼教，平时大家闺秀只能生活在深闺之内，小家碧玉也不能随便抛头露面，她们过着近于幽闭的生活。而每到元宵，她们可以不再顾忌深闺的礼仪，名正言顺地外出夜游观灯。一些相互倾心而平时不易接触的青年男女，也有了谈情说爱的机会。所以，宋代李清照在词中说："中州盛日，闺门多暇，记得偏重三五。"（《永遇乐·落日熔金》）"三五"即正月十五，这是说妇女特别注重元宵节。在封建礼教压抑下，古代妇女在元宵节才有活动于大街小巷的自由，因此元宵出游"妇女尤甚"。明代刘士骥的诗《元宵行》中"谈笑嬉游乐事频，千门儿女闹芳辰"，就是这种盛况的写照。甚至可以说，古代妇女只有在元宵节才可以暂时摆脱封建礼教的束缚，露出一点儿人性本来的色彩。

至于元宵节食品，从宋代开始，家家户户都要吃"元宵"。元宵也称圆子、团子或汤圆。元宵节吃元宵，取"月圆人团圆"之意，有祝愿全家和睦幸福的象征意义，1000千多年来一直是人们欢度佳节的一项基本内容。

四、寒食节与清明节

清明节的前一二日为寒食节。这一天，家家都要禁烟火，人们只能吃预先做好的冷食，所以叫作寒食节。关于寒食节的由来，相传起源于春秋时期。晋文公重耳即位前曾流亡列国19年，当时有位名叫介子推的大臣不畏艰难跟随其左右，并在重耳最困难的时候割下大腿上的肉供他充饥。可是，晋文公回国做了国君后，介子推却不求功名利禄，与母亲一同隐居在绵山。晋文公找不到他，就想以放火烧山逼他出来，谁知他矢志不渝，竟抱树而死。文公为了悼念介子推，下令禁止在他死的这一天燃火煮饭，以后相沿成俗，即为寒食禁火。也有人认为，寒食之俗源于原始氏族社会的改火风俗，以及由此发展而来的奴隶制时代的火禁制度。据说，古人认为，冬天的火种用至寒食便老了，就要改火，即停熄旧火，重新钻木燃起新火，就有了寒食一日的习俗。进入奴隶社会，火也同其他财富一样，被奴隶主阶级所占有。下等人用火只能等待奴隶主的恩赐，并遵守奴隶主的火禁制度。《周礼·秋官·司烜（huǐ）氏》记载，"仲春以木铎修火禁于国中"，指的就是这种情况。唐代韩翃（hóng）的诗《寒食》中"日暮汉宫传蜡烛，轻烟散入五侯家"的诗句，就反映了唐代寒食节的晚上，皇宫点火燃烛，再将火种传到贵戚大臣之家，以示"皇恩浩荡"的史实。以此看来，到唐代仍然留存着奴隶社会火禁制度的遗风。

寒食节之后，紧接着就是清明节。清明为二十四节气之一。元代吴澄的《月令七十二候集解》说："清明，三月节。……万物齐乎巽（xùn），物至此时皆以洁齐而清明矣。"于是，人们把这一节气开始的第一天称为清明节。

因为寒食和清明接近，而古人在寒食中的活动又往往延续到清明，如寒食节祭扫祖墓的习俗，也成了清明节的主要活动。久而久之，寒食节和清明节也就没有严格区分了。自唐代以来，两节逐渐融而为一。到了清代，人们已认为"清明即寒食"（《燕京岁时记》）。现在，恐怕许多人只知有清明节，而不知另有寒食节。

清明节祭祖敬宗是一项重要活动，这主要表现在祭扫祖墓上。扫墓之风始于秦汉，盛行于唐代，最初是由士庶开始的，逐渐成为时人很看重的礼俗。《旧唐书》载，唐玄宗在开元年间撰写敕文（**帝王诏书**）云："寒食上墓，礼经无文，近代相沿，寝以成俗。士庶之家，宜许上墓。编入五礼，永为常式。"到了宋代，清明节时已不分阶层，"官员士庶，俱出郊省坟，以尽思时之敬。"（《梦梁录》）宋代高翥（zhù）在其诗《清明日对酒》这样描述当时的情景："南北山头多墓田，清明祭扫各纷然。纸灰飞作白蝴蝶，泪血染成红杜鹃。"清明扫墓可以寄托对已故亲人的哀思，有一定的合理性，这一礼俗一直流传至今。

在古代，寒食节、清明时节还有门前插柳、头上戴柳、互赠画卵等习俗。每逢清明，古人喜欢把攀折下来的柳枝插在屋檐下或门窗上，"虽小坊幽曲亦青青可爱"。到后来，人们直接把柳枝戴在头上，认为清明戴柳是人人应当遵守的礼俗，否则将受到指责，甚至有"清明不戴柳，来生变黄狗"的俗语。关于戴柳的起源，《燕京岁时记》说："至清明戴柳者，乃唐玄宗三月三日祓禊（fú xì）于渭水之隅，赐群臣柳圈各一，谓戴之可免虿（chài）毒。"在古代民间信仰中，柳树具有驱邪的法力效用，插柳、戴柳反映了人们祈求驱邪避煞、消灾解祸的愿望。至今，我国北方一些地区还有清明节戴柳的遗风。至于寒食节人们相遇的见面礼，隋唐时期颇为流行互送画卵的礼俗。据隋代杜台卿的《玉烛宝典》载：隋朝人习惯于把煮熟的鸡蛋染成"蓝茜杂色，仍加雕镂"，作为寒食节见面时"递相饷遗（wèi）"的常用礼物。

五、端午节与夏至节

农历五月初五是我国民间隆重的传统节日——端午节。关于端午节的起源，有多种说法，较通行的说法是这个节日起源于纪念屈原。据《荆楚岁时记》载：战国时期，楚大夫屈原被听信谗言的楚王流放到江南，当秦将白起占领楚国京城郢（yǐng）都后，他痛感山河破碎，他自己也因年老体弱而无力拯救祖国于危亡之中，想以死唤醒糊涂的楚王，便于五月初五投汨（mì）罗江而亡。楚国百姓为纪念他，便在这一天竞渡龙舟来拯救屈原，进而形成一个传统节日。还有人认为，端午节有文字可考的起源应该是夏至节。端午的某些风俗，如龙舟竞渡、吃粽子、系红色线等，都是原夏至节的习俗。不过，人们把屈原的事迹附会于端午节，把这位爱国诗人与端午节紧密联系起来，这个节日便产生了更大的影响。唐代以来，端午节被定为三大农历节日之一，皇帝常在此日赏赐群臣。

关于端午节的习俗很多，但吃粽子是古代普遍盛行并流传至今的风俗。西晋周处在《风土记》说："仲夏端午，烹鹜角黍。"这里提到的"角黍"，就是用黍米包的粽子。黍自古以来就是我国北方的一种主要农作物。先秦时期，人们不仅把黍米作为主食，而且用黍米酿造美酒，因而黍在当时人们的饮食生活中占有特殊地位。在上古时代，对黍的依赖又使先民产生了对黍的崇拜，这是原始宗教中的植物崇拜，其崇拜方式便是每年的祭黍仪式。据《礼记·月令》载：黍在西周时期已是祭祀祖先和神灵的供品。《诗经·小雅·大田》中也有"……与其黍稷。以享以祀，以介景福"的句子。汉晋时期，用黍包粽子，大概就是基于先民祭黍和黍为祭祖之品的传统。而粽子做成角形，大概是对牛角形状的模拟，因为周代盛行以牛角祭祀土神和谷神，采牛角形作祭品可示敬重。由此可见，端午节吃粽子也是一种与祭祀相关联的礼俗。而元明之后，粽子已成为端午祭神祀祖必备的供品。另外，自唐代起，粽子还作为馈送亲友的节令礼品。时人用彩线把9个小粽子扎在一起送人，称为"九子粽"。唐明皇即有"四时花竞巧，九子粽争新"的诗句。

端午节在五月，而进入五月以后天气炎热，瘟疫开始流行，古人把五月视为"恶月"（《荆楚岁时记》），因此端午节就有了避恶驱毒的礼俗。《夏小正》载：先秦时期，人们以"蓄采仙药"的方法来"蠲（juān）除毒气"。到了汉代，人们则改用特定的门饰来辟恶。《后汉书·礼仪志》说："……故以五月五日，朱索、五色印（桃印）为门户饰，以难止恶气。"也有的分男左女右以五彩丝系臂腕，以辟病毒消灾祸，称为"长命缕"。南北朝时期，南方的荆楚地区又改用悬"艾人"的方法来祛毒气。《荆楚岁时记》云："采艾以为人，悬门户上，以禳（ráng）毒气。"艾即艾蒿，茎和叶都含有挥发性芳香油，它所产生的奇特芳香，可驱蚊蝇虫蚁，净化空气，确有一定的防病作用。到宋代，名贵药材菖蒲被道家视为辟邪之物。明清时期，饮菖蒲酒以禳毒气的风气大为盛行。菖蒲酒是以菖蒲为主要药料，以白酒或黄酒为原酒浸制的一种药酒，有"通血脉，治骨痿，久服耳目聪明"（《本草纲目》）的功效。菖蒲酒本为古代劳动人民创制的一种对人有益的药酒，但是在古代社会，其祛病健身的药用价值被掩盖起来，人们熟知的倒是带有神秘色彩的月令礼俗中的避邪物。

六、中秋节

农历八月十五是中秋节。此时，秋天已过一半，秋高气爽，又当秋分前后，昼和夜的时间一样长，月亮在正东，正好受到西面太阳光的直射。所以，中秋之夜的月亮最圆、最亮，月色也最美好。人们望着玉盘般的明月，自然会联想到家人团圆。独在异乡旅居的人，也期望借助明镜般的皓月寄托他们对故乡和亲人的思念之情。而按照习惯礼俗，回娘家的媳妇"是日必返夫家"（《帝京景物略》），以示团圆，因而人们又把中秋节叫作团圆节。

赏月和祭月是中秋节的主要活动，历史悠久。先秦时期，古代帝王就有春天祭日、秋天祭月的礼制。郑玄所注《周礼·春官·典瑞》指出："天子常春分朝日，秋分夕月。"这里的"夕月"就是指拜月。魏晋时期开始，有了中秋赏月的活动。到唐代，赏月活动已进入皇宫。唐末至五代后周的王仁裕在其所著《开元天宝遗事》载："中秋夕，上（**唐玄宗**）与贵妃临太液池望月。"宋代时期，中秋赏月之风十分盛行。《东京梦华录》载：每逢中秋节，东京（**今开封**）所有酒楼都要重新装饰门面，扎彩绸的牌楼，出售新启封的好酒。店铺则堆满石榴、梨、枣、栗等新鲜佳果。"中秋夜，贵家结饰台榭，民间争占酒楼玩月"，通宵达旦，夜市之热闹一年中极为少见。京师赏月还有特殊的拜月礼俗。据宋代金盈之的《新编醉翁谈录》载："倾城人家子女，不以贫富，能自行至十二三，皆以成人之服服饰之。登楼，或于中庭焚香拜月，各有所期。男则愿早步蟾宫，高攀仙桂；女则愿貌似嫦娥，圆如皓月。"

到了明代，"八月十五祭月，其祭果饼必圆"（《帝京景物略》）。也就是说，明代之后，人们在中秋祭月时，月饼已经成为必备的食品。关于中秋节吃月饼习俗的源起，民间有多种传说，其中最主要的是以月饼之圆象征合家团聚欢乐之意。正如明代田汝成的《西湖游览志馀》所说："八月十五日谓之中秋，民间以月饼相遗，取团圆之义。"《燕京岁时记》也称中秋月饼为"团圆饼"。因此，月饼成为中秋节亲友相互馈送的最好礼物，中秋之夜也要用月饼、瓜果等祭月。祭月的食品，北方民间有首儿歌说得很具体："八仙桌儿镶金边，小小月饼往上端。左边儿石榴，右边儿枣儿，当间儿又摆大仙桃。紫花梨儿，红柿子，当间儿又摆毛栗子。毛豆角儿两头儿尖，小小西瓜往上端，钢刀切成莲花瓣儿，一年四季保平安。"祭月时，据《帝京景物略》载，各家各户都要设"月光位"，对着月出方向"向月供而拜"，然后撤下供品，安排家宴，合家分食月饼、瓜果等。祭月讲究必须有一个大号月饼，直径可至一尺多，分食这一月饼一定要人人有份。因此，分切月饼前要把全家人数点算清楚，外出的、在家的都算在一起，有多少人切多少块，绝对不能少切或多切，而且要切得大小一样。如果家有孕妇，又得多切一份。也有的人家把祭月的月饼保存到除夕晚上再拿出来分食，名称仍叫作"团圆饼"。

另外，清代有以中秋之夜的阴晴来预测次年元宵晴雨天气的习俗。民间流传的谚语——"八月十五云遮月，来岁元宵雪打灯"，就是这种习俗的反映。

七、重阳节

农历九月初九为重阳节，又称重九、上九、登高节、阳数节等。古人以九为阳数，两九相重为"重九"，日月逢九都属阳，两阳相重故名"重阳"。因为"九九"与"久久"同音，所以古人认为这是个特别值得庆贺的吉利日子。重阳节的活动内容也较为丰富，有登高、赏菊、吃菊花糕、喝菊花酒、插茱萸等。

关于重阳节的来历，一般依据宋代陈元靓的《岁时广记》卷三十四引《续齐谐记》的说法，认为重阳节与古时汝南县桓景带领乡亲与瘟魔斗争并获得胜利的传说有关。但据当代学者考证，我们似乎可以从上古时代的天地崇拜找到重阳节的渊源。[①]重阳节登高，由古人在围猎骑射之后，登上高地，摆宴饮酒加以庆贺，并举行拜天之礼的习俗演化而来。登高的寓意在于，离天愈近，祭拜也愈诚。

大约从汉代开始，重阳节逐渐盛行。魏晋时期，重阳节被赋予

---

① 王仁兴．中国年节食俗［M］．北京：北京旅游出版社，1987：95.

"长寿"的寓意。《西京杂记》记载："九月九日佩茱萸，食饵（重阳花糕），饮菊花酒，云令人长寿。"曹丕在《九日与钟繇书》中也说："岁往月来，忽复九月九日。九为阳数，而日月并应，俗嘉其名，以为宜于长久，故以享宴高会。"曹丕还举例提到了古代传说中的长寿老翁彭祖。直到宋代，人们在重阳节吃花糕时，仍以片糕搭在小孩头上，祝祷"百事皆高"。

元明以来，道家所鼓吹的重阳花糕和菊花酒可以避去不祥的说法，逐渐产生了一定影响，于是重阳节又加进了"吉祥"的意义。清代卖重阳糕的小贩就头戴"吉祥"字样，推着小车沿街叫卖。重阳花糕制作讲究，又有吉祥的寓意，一时成了亲朋好友间互相馈送、增进情谊不可缺少的节令礼品。正如清朝潘荣陛《帝京岁时纪胜》所说："京师重阳节花糕极胜。有油糖果炉作者，有发面醯果蒸成者，有江米黄米捣成者，皆剪五色彩旗以为标帜。市人争买，供家堂，馈亲友。"菊花酒是一种具有医疗作用的酿制酒。《西京杂记》载，其酿制方法是："菊花舒时，并采茎叶，杂黍米酿之，至来年九月九日始熟，就饮焉，故谓之菊花酒。"元明时期，菊花酒中又加进多种中草药，具有"治头风、明耳目、去痿痹、消百病"（《本草纲目》）的疗效。由上可知，重阳糕和菊花酒都是古代的饮食佳品，既可作为节令礼品，也可进食饮用利于健康，因而长期流传，直至今天仍然受到普遍欢迎。

此外，明清时期重阳节还有接出嫁的女儿回娘家过节吃花糕的礼俗。重阳逢秋收之后，人们有意识让女性有一个休息的机会，近世有这样的民俗谚语："九月九，搬回闺女息息手。"如果女儿不能回娘家，"母则诟（gòu），女则怨诧，小妹则泣"（《帝京景物略》），全家失去节日的欢乐。所以，有的地方又把重阳节叫作"女儿节"。

八、冬至

冬至亦称冬节、长至节、贺冬节等，是二十四节气最早确立的节气之一。当日是北半球全年中白天最短、黑夜最长的一天。古人认为，过了冬至，白昼一天比一天长，阳气上升。因此，冬至是个吉日，值得庆贺。早在周代，人们即以冬至为祭神日，以后各代也都视冬至为大节。

据《后汉书》载："冬至前后，君子安身静体，百官绝事，不听政，择吉辰而后省事。"意思是说，冬至前后，朝廷及文武百官不再处理政务，实际等于放假。到魏晋以后，朝廷会在这一天举行盛大的朝会，典礼仪式的规模仅次于元旦朝会。皇帝要在典礼上接受各国、周边民族的使臣以及文武百官的上表祝贺，称为朝贺礼。入朝官员要像行祭祀大礼那样穿朝服觐见皇帝。宋代还专门制定了冬至节大朝会的仪卫兵仗。因为冬至节礼节多于常节，仪式如同元旦，至今依然流传着"冬至大如年"的说法。

在民间，过冬至节也极为热闹，许多节日习俗与元旦相仿，故又称"亚岁"。冬至前一夜，家人都要围坐一起，相互劝酒畅饮，叫作饮"节酒"。冬至日则盛行祭奠先祖和走亲访友。《东京梦华录》载："十一月冬至。京师最重此节，虽至贫者，一年之间，积累假借，至此日更易新衣，备办饮食，享祀先祖。官放关扑（允许开放赌场），庆贺往来，一如年节。"冬至拜访必送礼物，《清嘉录》中有这样一首诗描述了送礼的盛况："至节家家讲物仪，迎来送去费心机。脚钱尽处浑闲事，原物多时却再归。"冬至所送礼物多为食品，但在魏晋南北朝时期曾流行送鞋袜的风俗。曹植在《冬至献袜颂表》中称："伏见旧仪，国家冬至，献履贡袜，所以迎福践长。"除向帝王君主贡献鞋袜，百姓家中凡已成家的妇女也要给公婆进献鞋袜，称为"履长之贺"。这是因为冬至之后白天越来越长，冬至节献上新鞋袜有祝福长寿之意。后来，为帝王贡鞋袜已少有记载，但为公婆献鞋袜的礼俗在部分地区长期盛行不衰。

大约从宋代开始，民间有了"数九"的习俗，即：自冬至始九天为一个时间周期，循环排列。九九八十一天后，春风送暖，寒气全消。自宋代开始，九九歌诀流传于南北各地。明代谢肇淛（zhè）的《五杂俎》记有京师谚语："一九二九，相逢不出手；三九四九，围炉饮酒；五九六九，访亲探友；七九八九，沿河看柳。"类似歌谣影响深远，至今仍在部分地区流传。如："一九二九不出手，三九四九冰上走，五九六九沿河看柳，七九河开，八九雁来，九九加一九，耕牛遍地走。"配合数九，明清时期还盛行填染《九九消寒图》的风俗。《九九消寒图》有许多种类。有的画一枝素梅，上绘81朵梅花，从冬至这天起，每天用红笔填涂一朵，全部涂完，数九即告结束。有的则画成九组圆圈或九宫格，也是81个圈或格，每天染色一个。染色时，必须一天一染，既不许漏掉，也不许提前。民间还流传着染色的口诀："上阴下晴雪当中，左风右雨要分清。九九八十一全点尽，春回大地草青青。"这是说，染消寒图时不能将花、格或圈全涂满，而是只染一半。逢阴天涂上部，晴天涂下部，有风涂左边，遇雨涂右边，下雪则涂中间。等到数九结束，实际成了一张有趣的天气情况记录图。还有一种"九九迎春联"，上下联都是九字，每字也都是九画，如："故城秋荒屏栏树枯荣，庭院春幽挟巷草重茵。"这种空影对联是每天在上下联各描一笔，待九九数尽、春暖花开之时，一幅难得而又对仗工整、韵律相符的春联，便墨色鲜明地呈现于纸上了。《九九消寒图》最初只是一种在寒冬消遣解闷的游戏，但也寄托了人们对春天的祈盼，加之明代后期宫廷也在冬至印送《九九消寒诗图》，因而制作并赠送《九九消寒图》便成为冬至节礼俗中的一项重要内容。

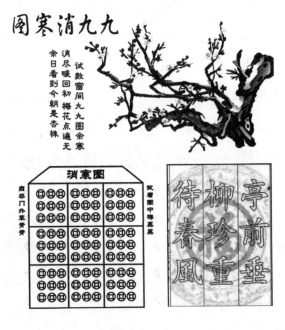

《九九消寒图》

盟誓礼俗

在周代，诸侯之间或周天子与诸侯之间关系不协调时，就要设盟立誓以维持稳定。到了春秋战国时期，各诸侯国相互攻城略地，争夺霸主地位。大国欲以结盟扩大势力范围，小国也要通过联合保全自身的利益，因而盟誓活动更加盛行。所谓盟誓，就是两国或更多诸侯聚集在一起，通过一定的仪式，共同宣誓，约定协同办事，相互支援。结盟之后，各方就有了共同承担义务的约束。春秋时期，齐桓公、晋文公、楚庄王、吴王阖闾（lú）、越王勾践等称霸时，都是通过会盟宣誓确定霸主地位的。

结盟时要举行盟礼。盟礼一般要在坛坫（diàn），即用土堆筑的高台上举行。《礼记·曲礼（下）》说："莅（lì）牲曰盟。"孔颖达疏云："盟者杀牲歃（shà）血誓于神也。"就是说盟礼要杀牲、歃血。会盟时，先要在地上挖一方形土坑备用。接着，戎右（*周代陪乘之官*）帮助掌管盟礼的"司盟"杀掉盟牲（*盟牲杂用六牲，天子诸侯通常用牛*），割下牲牛的左耳，放在珠盘里，由盟主拿着，这叫作

"执牛耳"；又取牺牛血盛在玉敦（duì）里，并蘸着牺血书写盟书。会盟正式开始，盟主、司盟及同盟诸侯都肃立于坛坫上，先由司盟宣读盟书，诏告神明。然后，戎右端来盛牺血的玉敦，打开敦盖，盟主先饮血，接着结盟者依照尊卑次序一一饮血，以示矢志不渝，叫作歃血。歃血也有会盟者口含牲畜之血，或用手指蘸牺血涂抹在嘴上的。歃血之后，要取一份盟书放在牺牛上，一起埋到方坑里。同盟者则各取一份事先抄好的盟书，回去后收藏于祖庙或掌管盟约的官府。此后，盟书内容就成为会盟者共同遵守的原则和行动准则。

盟礼中最重要的仪式是歃血。不论何种盟誓的场合，举凡结盟都必须举行歃血仪式，这种仪式一直流传于后世。据南宋李焘的《续资治通鉴长编》卷八十七记载：宋真宗大中祥符九年（1016）九月，曾经反叛的"抚水蛮人"，"悉还所掠汉口、资畜，乃歃猫血立誓，自言奴山摧倒，龙江西流，不敢复叛"。后来，各种帮派缔结盟约时，为表明决心，也要用刀斩一只雄鸡，在每碗酒里洒几滴鸡血，对天发誓，然后各饮尽血酒，表示亲如手足，有福同享，有难同当。而清代天地会拜盟时，入会者则用银针刺破自己的中指，让血滴入酒碗，然后在场的全体会员共饮这碗血酒，同时吟唱"此夕会盟天下合，四海招徕尽姓洪[1]；金针取血同立誓，兄弟齐心要和同"等诗句，然后再焚香、宣誓。由于歃血在盟誓活动中普遍应用，后来"歃血为盟"成为连用的专用词组。

先秦时期，盟与誓是有区别的。誓只是通过语言相互缔约，约束作用比盟要小。誓礼也较为简单，不用杀牲、歃血。而结盟必须发

---

[1]　天地会以"反清复明"为宗旨，因明太祖年号洪武，故对内称"洪门"。

誓。后来，盟誓二字连用，盟誓的礼仪也合二为一了。再后来，常有为表明决心而双膝跪地、仰面朝天、赌咒发誓的情况，这大概属于誓礼的遗风。

古人的盟誓是在大庭广众之下举行的，他们又要向自身信仰的神明发誓，还是有一定约束力的。据《史记·刺客列传》载：鲁庄公十三年（公元前681年），齐国与鲁国在柯地（今山东阳谷东北）结盟。当齐桓公和鲁庄公在坛坫上行盟礼时，鲁国勇将曹沫乘机手握匕首劫持了齐桓公，提出齐国必须尽数归还侵占的鲁国"遂邑之地"的要求。齐桓公迫不得已，只好当场答应下来。得到承诺后，曹沫下坛，立于群臣之位。但齐桓公恼羞成怒，"欲倍（背）其约"。此时，齐国国相管仲说："不可。夫贪小利以自快，弃信于诸侯，失天下之援，不如与之。"齐桓公只好依盟礼之约，把占领鲁国的土地归还鲁国。由此可见，古代盟礼并非徒具形式。

丧葬礼俗

死亡，是人生旅程的最后一站，标志着人从此脱离社会。丧葬是人的最后一次礼仪，也是有关活人与死人联系的仪式。通过丧葬礼仪，人们可以缅怀死者生前的功绩，表达对死者的感情，从精神上慰藉亡灵；又可以反映他们继承死者遗志的意愿，祈求死者对活人庇护，历来受到重视。另外，中国传统文化中的许多方面，诸如孝道、宗法制等，都在丧仪上体现出来。传统礼俗规范把安葬老人的丧葬祭礼办得隆重与否，看作子女尽"孝"与否的重要标志。所以，古人不论贫富，不管有没有这种意愿和能力，都要竭尽全力操办丧葬祭礼，否则他们将受到宗法社会的舆论谴责，从而陷于被孤立的困境。葬礼办得隆重，既是死者有福气的标志，又是死者所在家庭、家族的荣耀。活着的人有时候甚至为了面子，不得不格外看重丧葬礼仪。可以说，丧葬礼仪是人生礼仪中最为烦琐的一种，也最为庄严隆重。

一、丧葬礼仪

据记载，从周代开始，丧葬就有了一套完整而繁杂的程序。当然，我国地域辽阔，民族众多，丧葬礼仪程序不尽相同，大致如下：

（一）初终

古人临死时称为"属纩"（zhǔ kuàng）。据《仪礼·既夕礼》《礼记·丧大记》记载：人在病危之时，要给其脱掉内衣，换上提前准备好的寿衣。病危之际穿寿衣，因为人未死时身体不僵，便于穿戴。此时，其四肢都有人捉住，以防手脚痉挛，然后"属纩以俟绝气"。"属"是"放置"的意思，"纩"是"新丝绵絮"。新絮很轻，用来放在弥留者的口鼻上，测看其是否断气。如果不见新絮摇动，病人就死了，这时才可称"卒"。后来，"属纩"成为"临终"的代名词。

人初死之际，不能立即办丧事，而要先为死者招魂，称为"复"。行复礼时，会有一个人拿着死者上衣登上屋顶，面向北方喊死者的名字，连喊三次，再把死者上衣卷起来投到屋前，下面有人接住并覆盖到死者尸体上。行复礼是"尽爱之道也"，是"望反（返）诸幽，求诸鬼神之道也"[《礼记·檀弓（下）》]。就是说，生者不忍心亲属死去，希望通过祈求鬼神，使死者的灵魂重新回到身体上来。复而不醒，接着便是生者确认亲人已经去世后的爆发性"初哭"，然后才办丧事。

办丧事时，首先要为死者沐浴，沐是洗头，浴是洗身体。为死者沐浴时，要用盆盛水，用勺子舀水往尸体上浇洒，然后用细葛巾洗擦，还要为死者修剪指甲和胡须。负责沐浴的人，如死者为男性，要用男侍者，女性则用女侍者。死者亲属此时则暂时退出屋外。沐浴是为了帮助死者干净地离开人世。关于这一习俗，《礼记·丧大记》就有记载，一直沿袭到后代。据《晋书·王祥传》，王祥将死，诫其子曰："气绝但洗手足，不须沐浴……"由此可见，如果没有特别的遗嘱，古人死后一般都要沐浴。

（二）装殓

装殓是指装裹死者，放入棺木。《礼记·丧大记》《仪礼·士丧礼》都对装殓的仪节有具体记载。殓有大殓、小殓之分。小殓指给死者裹上衣衾，时间在死者去世的次日早晨。寿衣俗称"装裹""装老衣裳"，有的是生前做好的。古人通常选择有闰月的年头做寿衣。旧时，北京一般人家的寿衣主要是棉袄、棉裤和棉长袍，不论什么季节，一律穿棉的，鞋必须是布底，做出莲花图案，表示脚登莲台，修成了正果。同时，绝对不能用皮货，俗说亡人如果穿皮衣、皮鞋或皮底鞋，下辈子就会转生为牲口。内衣不缝纽子（**纽扣**），只缝飘带，因为"纽子"和"扭子"谐音，怕后代出"逆子"。衣料也不能用缎子，因为"缎子"和"断子"谐音。大殓指把尸体放入棺内，时间在小殓的次日。死者放入棺中以后，还要放入许多小的陪葬品。不论小殓还是大殓，孝子及亲属都要在旁边，并依礼仪多次哭踊，以表哀痛。到了清代，民间已将大小殓合并为一，统称入殓。入殓时，有

"饭含"的丧仪。"饭"指在死者口中放入米、贝，"含"指在死者口中放入珠玉。"饭含"因尊卑不同而有所区别。关于"饭"，"君（诸侯）用粱，大夫用稷，士用稻"（郑玄注《周礼·地官·舍人》），"天子饭九贝，诸侯七，大夫五，士三"（《礼记·杂记》）。关于"含"，西汉刘向的《说苑·修文》载："天子含实以珠，诸侯以玉，大夫以玑，士以贝，庶人以谷实。"上述关于"饭含"的物品是当时的规定，后来"饭含"所用之物历代有所变化，宋代开始有含钱的。死者入棺后，孝子和亲属要瞻谒遗容，放声大哭，以示诀别。待棺上加盖，孝子和亲属在灵座前行祭奠礼后，入殓仪式才算结束。

（三）报丧

报丧指丧家向亲戚、朋友、邻里等报告死讯、丧期、葬期，初终后的挑钱、小殓后的报丧，都可以算作其中的内容。

正如人初生时要在家门上挂诞生标志一样，人死以后，丧家要在门上挂丧亡标志，称为"挑钱"。所谓钱，也就是纸幡，有的地方叫作"通天纸"；有的地方因为纸的张数要和亡人的岁数相等，也叫"岁数纸"。"挑钱"挂的位置是院门口，男左女右。

小殓以后，丧家就要将死讯等报告亲朋好友，以便他们及时在大殓之前赶来。报丧的形式有口头的，也有持讣文的，后世还发展出来在报纸上登讣告报丧。民间一般以口报为主，即：孝子亲自前往报丧，对那些至亲，以及关系特殊的，尤其要如此，否则就算礼数不周；而对那些较为疏远的，捎个口信即可。报丧的孝子要穿孝服，或者戴孝帽，腰里扎孝带子（麻）。到了别人家，不能进门，有人来接，无论长幼，都要叩首。

世家大族施行的是正式讣闻（讣告、赴告、告丧等）仪俗。讣闻一般为书札形式，有一套固定的文辞，大体如："不孝某某罪孽深重，弗自殒灭，祸延显考某某公、讳某某、某府君恸于某年某月某日某时寿终正寝，距生于某年某月某日某时，享年几十有几。不孝某某随侍在侧，亲视含殓，遵礼成服。"最后，写上"叩在：戚、友、寅、学、乡、世"（红字）字样，结尾写"哀此讣"。然后，再列上丧礼日程，下边依次开列子孙的名单。无论是至亲还是好友，接到讣告以后，都要及时地赶到丧家参加丧葬活动。

（四）殡

尸体入殓后，要有一段时间停柩待葬，叫作"殡"。据载，夏代殡于东阶，殷商殡于两楹间，而周代一般在堂的西阶掘一坎地停柩。西阶是客位，亲人逝世不愿让其早早离去，停在家中像对待宾客似的对待死者，故称殡。春秋时期还有殡于宗庙的礼仪。《左传·僖公三十二年》载：晋文公死后，"殡于曲沃"。曲沃是晋国宗庙所在地，殡于宗庙显得更为隆重。后来，民间也有另搭灵棚用来停放棺柩的。殡的时间长短不一。周代一般是天子七个月，诸侯五个月，大夫三个月，士庶人一个月。但也有长达三年的。据《淮南子·要略》记载：周文王死后，"治三年之丧，殡文王于两楹之间"。后世封建帝王殡期无定，而品官大多殡三个月而葬。

（五）成服

成服，即丧服，指死者亲属穿戴的服饰。旧时，穿孝、戴孝必须严格遵守有关礼制，不许有所差错，故称"遵礼成服"。

成服最基本的"礼"，即为传统的所谓五服制度。成服共分五等，俗称"五服"。根据《仪礼·丧服》，五服的名称分别为斩衰、齐衰、大功、小功和缌麻。五服的区别是由生者与死者的亲属关系的远近决定的。

斩衰是五服中最重的丧服，其衣用粗麻布制成，麻布不缝边，斩断处外露，另截一段粗麻布像围裙那样围住下身。在古代，诸侯为天子、臣为君、子为父、父为长子都服斩衰。子为父服斩衰时还要系粗麻腰带，即所谓"披麻戴孝"，表示哀伤过度，身形消瘦不堪。同时，孝子要鞋包白布（如果双亲中有一人健在，则鞋后跟处不用白布包严），执孝杖（俗称"哭丧棒"），表示哀伤不食，哀毁骨立，须持杖而行。妻妾为夫、未嫁女子为父服斩衰时还要把麻系在发髻上，称为"髽（zhuā）衰"。

齐衰也是用粗麻布做的，但缝边较整齐。齐衰三年是父卒为母、母为长子的丧服。齐衰一年，又以丧礼中是否执杖分为"杖期"和"不杖期"。杖期是父在为母、夫为妻的丧服；不杖期是男子为伯叔父母、兄弟、其他儿子，女子为娘家父母、媳妇为公婆，以及孙子孙女为祖父母的丧服。齐衰五月，是为曾祖父母的丧服。齐衰三月，是为高祖父母的丧服。

大功次于齐衰。大功指织布及制作丧服工作。其服用熟麻布制成，较为精细。大功丧期为九个月，是男子为姐妹、姑母、堂兄弟、未嫁的堂姐妹，女子为娘家兄弟、丈夫的祖父母、伯叔父母，以及公婆为嫡子之妻的丧服。

小功也是熟麻布，但丧服较大功更为精细。小功丧期五个月，是男子为伯叔祖父母、堂伯叔父母、堂姐妹、外祖父母，女子为丈夫的姑母姐妹及兄弟媳妇的丧服。

缌麻是五服中最轻的丧服，用细麻布制成。缌麻服丧期三个月，凡较疏远的亲属、亲戚，如高祖父母、曾伯叔祖父母、族祖父母、族父母、族兄弟，以及岳父母、婿、外甥、外孙等都服缌麻。

上述丧服制度，虽然在当时未必全部实行，历代丧服、丧期也有所变动，但通过丧服表现血统亲疏和等级差别的实质是一样的，影响了其后的丧葬仪俗。

（六）吊唁

吊唁是丧葬礼俗中比较重要的内容，因为与死者关系亲疏远近不同，吊唁的礼数、方式有较大区别。

出门在外的子女或其他至亲接到讣告以后，要及时奔丧、吊丧。属于斩衰一服的至亲，实际情感深厚，仪俗也要求十分情切。子女接到讯息以后，首先要哭悼，然后问明死因等，不顾一切地上路奔丧。临到家时，要"望乡而哭"，出嫁的女儿更有一路哭来的。到家后，先到灵前跪叩、哭悼，直至有人安慰才停止。比较亲近的亲族成员虽不致像子女那样，但也要表现得比较哀切。

亲友前来吊唁，孝子要迎接并陪同。倘若并非至亲或亡人的长辈，则只在灵前烧化几张纸钱即可，并不哭悼。

亲友来吊唁，大多要携带礼品或礼金。礼金用黄色蓝签的封套装好，正中蓝签上写"折祭×元""尊敬×元"。礼品有匾额、挽联、挽幛、香烛、纸钱、明器等。挽幛无论质料如何，必须是蓝、灰、青、白等素色的，上边缀饰白纸幛光，写着"英名千古"等。有的也送祭席，桌上压大幅的白色绸条，上书："××老大人（太夫人）尚飨"字样。秦晋北部及内蒙古西部吊丧携大馍馍（**有的地方叫"点心"或"大供"**），至亲带整份，共12个，较疏远的则带半份。馍馍越大，表示其心越诚、其孝越甚。

丧葬携礼吊唁的习俗也是比较古老的仪俗。这种礼品的作用又可以分成两种，即：对死者的吊唁和对生者的抚慰、资助，前者叫作"赠"，后者叫作"赙"。上述挽联、匾额等属于前者，挽幛、祭席等则属于后者。

（七）接三

接三也叫"迎三""送三"。旧时民间传说认为，人死三天，灵魂要正式到阴曹地府去，或者灵魂要被神、佛或神、佛的使者金童玉女迎接去。人们都希望亲人死去以后升天，但这又必须是生前有些功德的，否则就不能如愿。但民俗又认为在死者去世三天灵魂离去的时候，为他们延请僧众念经礼忏或者放焰口救度恶鬼，都能让死者赎罪积德，进入天堂。接三是为了让阿弥陀佛接亡灵上升到西方极乐世界去，所以又叫"迎三"。对于亡人的儿女来说，接三则是送亲人上西天，所以也叫"送三"。

送死者上西天，必然要有车马。这种车马当然是纸扎的，但有的也极其讲究。此外，还要有箱子。送三一般在天黑以后，僧众要念经礼佛，还要鼓乐齐鸣，同时有一系列仪式，然后把车马运出门送往西边，在附近的特定地点烧掉。

放焰口是接三最突出的仪俗。焰口也就是饿鬼，在地狱受苦。要想救助饿鬼，使它们摆脱苦境，只有供养三宝（**佛、法、僧**）。丧礼中放焰口，就是建立在这种信仰基础上的。从宗教类别上来说，焰口有佛教的《瑜伽焰口》，是一般通用的；另一种是道教的《铁罐焰口》，即道士的"十方焰口"。旧时，北京放焰口以僧众歌唱为主，仅以钟、磬、鼓、木鱼、铃等法器伴奏，称为"音乐焰口"，俗称"音乐佛事"。比一般的焰口更加隆重、排场的是"传灯焰口"。这种焰口的意义是"以灯度亡"，所供的佛像是燃灯古佛。

除了放焰口以外，丧葬礼仪中和僧、道有关的仪俗还有做道场。做道场和放焰口的用意是一致的，目的都是通过这种仪式为死者赎罪，送他们上天堂，故这种活动也被称作"超荐""炼度"。旧时，常有僧人、道士一起做道场。

（八）成主

成主也叫点主、题主，是丧礼中比较重要的一项仪程。所谓"主"，也就是神主、牌位。因为是木头做的，成主也叫"木主"。一般牌位上会写"显考某公讳某某府君之位"，主字上边的一点要专门请人点上，所以叫点主，整个一套礼仪也就叫成主。后来，还有所谓

"贯神点主"，即事先不写"神"的一竖和"主"的一点，到时再贯通、点上。

点主要择定日期举行仪式。原本点主是由死者的生前友好来做的，后来一般人家请和尚点主，仕宦之家或特殊富户则请社会名流点主。被请来点主的人称为"点主官""题主官""鸿题官"。此外，还要有两位"陪主官"，也叫"襄题官"。同时，还要有司仪主持仪式，叫作"大赞"，俗称"打赞的"。点主前要先写主，这是必需的准备工作。在丧礼中，点主算是喜事，所以孝子都要脱去孝服，换上"吉服"。点主官等来临时，丧家以及亲友、司仪都要前往途中迎接。到门口，孝子还要行三拜九叩大礼。然后，点主官、襄主官就位，孝子再行大礼，开始点主。

点主桌上放两枚砚台，一枚是用来研墨的，一枚是用来研银朱的（红色）。桌边还放一个装白色公鸡的鸡笼。襄主官研好墨和银朱后，先蘸朱笔给题主官，题主官面向东方，吸取"生气"，一口嘘在笔上，先在神主的"王"字上加一点，然后再用墨笔加点，再用金针刺破鸡冠，用第三支新笔蘸血再加点一次。如此三次才算点好。

题主完毕，孝子要三拜九叩致谢，然后手捧木主放到灵前，称为"安主"。随后，题主官、襄主官等起立，由题主官向神主致辞，称为"赞主""荣主"。致辞的内容是赞美死者生前的功勋业绩，通常事前写在红纸上，当场宣读，读完以后要放在木主函内。至此，点主仪式就算完成了。孝子照例要脱去吉服，重新穿起孝衣。

成主虽然只是丧礼中的一个仪式，但它和葬后的祭礼以及宗法家族其他方面也有联系。比如：庙祭就是以此时点就的神主作对象的。

古代的世家大族多建有祠堂，其中奉祀的就是祖先的牌位，这里的宗亲三代、五代牌位都是通过成主这一仪式确立起来的。正因为这个仪式是明确宗法关系、关涉到"慎终追远"的大事，所以比较郑重。《清通礼·凶礼·官员丧礼》载："葬之日，择宗亲善书者一人题主。"可见，题主是清代丧礼的通则。清人吴荣光在《吾学录·丧礼门三》也说："近日官绅丧礼，皆于出殡前一二日行题主礼于丧次。"

（九）出殡

丧礼的高潮是出殡（俗称"发引"），即送葬。按古礼来看，三月而葬，时间太长，尸体不易保存，生者也不胜其劳。因而，古时就有所谓"渴葬""血葬"，即七天之内不卜而葬。后世的停丧日期不等，和社会地位、经济状况、季节大有关系。出殡的日子也要请阴阳先生推算，这叫"开殃榜"。殃榜上所开的，除了安葬的日期以外，还有大殓、成主等仪式的日期。

出殡之前，先要辞灵。其步骤是首先装"馅食罐"，就是把最后一次祭奠的饭食装在瓷罐里，出殡时由大媳妇抱着，最后埋在棺材的前头。接下来就是"扫材"，即：把棺材头抬起，孝子放几个铜钱在棺下，然后用新的笤帚、簸箕扫棺盖上的浮土，倒在炕席底下，称为"扫材起棺"，取"捎财起官"的意思。最后，大家举哀，钉好棺盖。

发引起杠的时刻即将到来，送葬的队伍就要做好一切准备。一般是长子打幡在前，次子抱灵牌，次子以下的孝属都持裹着白纸穗的"哭丧棒"，大儿媳妇抱"馅食罐"。等这一切准备妥当，就要起杠了。伴随起杠的仪节有两个：一是把死者生前所用的枕头拆开，把里边的荞麦皮和枕头套一起烧掉。二是"摔盆",即:把灵前祭奠烧纸用的瓦盆摔碎。这盆叫作"阴阳盆",俗称"丧盆子",也叫"吉祥盆"。摔盆的应该是死者的长子或长孙,即遗产的第一顺序继承人。如果无儿无孙,由别人来摔盆,这一仪俗就把摔盆者和死者的关系陡然拉近,确立起财产继承关系。摔盆讲究一次摔破,越碎越好。俗说这盆是死者的锅,摔得粉碎才好带到阴间去。瓦盆一摔,就如一声号令,杠夫迅速起杠,摔盆者打起引魂幡,驾灵而走。

具体的出殡行列,差别很大,有的绵亘数公里之长,有的不足二三十米。一般都要包括鼓乐、纸活、花圈、挽联、执事、僧道、孝属、执绋亲友、灵棺以及送殡的车轿。关于执绋,据《周礼·地官·遂人》《礼记·丧大记》《礼记·杂记(下)》,天子送葬用六根大绳挽车,叫作六绋,执绋者约达千人;诸侯四绋,500人;大夫二绋,300人。执绋原意是帮助拉灵车,实际则只是走形式。后世在出殡人的行列两旁拉开两根绳子,就是古代执绋的遗制。送葬时,挽枢的人还要唱挽歌。最早的挽歌见于《左传·哀公十一年》:"公孙夏命其徒歌《虞殡》。"杜预注云:《虞殡》,送葬歌曲。"后来,挽歌逐渐流行。如《晋书·礼志》载:"汉魏故事,大丧及大臣之丧,执绋者挽歌。"挽歌通常有固定的词曲,也可以临时编创词句。如《北史·卢思道传》载:"文宣帝崩,当朝文士各作挽歌十首,择其善者而用之。"

二、丧葬方式

葬俗起源于旧石器时代晚期以后,与灵魂不灭观念的产生相关。

由于人们的居住环境、生产方式、生活习惯、宗教信仰等存在差异，各个民族的丧葬方式也有所不同。其中，葬式主要包含土葬、火葬、水葬、风葬、塔葬、天葬、野葬、挂葬、悬棺葬、金坛葬、床下葬等。各种葬式分别实行于不同地区，用于不同情况的死者。如：天葬主要流行于藏族、蒙古族地区，挂葬主要实行于贵州侗族地区，而水葬多用于夭折的小孩和患传染病而死的贫民，塔葬则是藏族大活佛的葬式。各种葬式都有一些礼节仪式，也反映了一定的宗教观念和民间风俗。下面介绍几种典型的葬式。

（一）土葬

用棺材土葬是我国古代最主要的葬式，也是中原地区汉民族最为普遍的葬式。这是因为，中原土地肥沃，人民世世代代以农耕为主，把黄土地视为生命之本，自古以来就有"有地则生，无地则死"的说法。面朝黄土，背朝青天，是古人最基本的劳作习惯。生命是从泥土中来的，再回到泥土中去，汉民族的这个观念是根深蒂固的。汉代崇尚黄色，历代帝王都以黄为显贵之色。黄色实为土色。在阴阳五行中，土又居五行之中位，是最稳定、最可靠的基础。因此，人死后葬于土中，是使灵魂得到安息的最好办法。土葬符合汉族人民的生活习俗，以及慎终追远的伦理情感。此外，在古代社会，土葬也是最有条件表现等级差别的丧葬形式。因为只有土葬才有必要建造并能长久地保存死者生前权势和地位的象征物，如雄伟的墓体，各种墓碑、石人、石兽、华表和其他附属建筑，才能经常在墓前进行各种象征性活动，既表示生者对死者的追悼之情，又显示豪华的排场，满足了宗法政治的需要。因此，在中国的传统丧俗中，土葬已经深入人心。即使在普遍强调火葬的今天，人们还是要把先人的骨灰盒送到风景宜人的地区，埋入土中，筑坟树碑，永驻纪念。

为了较好地保存尸体，我国古代官僚贵族用棺材土葬，棺木大多有棺与椁两部分。棺指内棺；椁指外棺，是套在内棺之外用来保护内棺的。椁不是一般人所能具备的，连孔子的儿子孔鲤死后也"有棺而无椁"（《论语·先进》）。而周代天子和诸侯的棺椁则可达三重，甚至四重［《礼记·檀弓（上）》］。

棺椁下葬时，一般都有殉葬品。这是因为古人都有灵魂不灭的观念，认为人死后灵魂和生前一样活着，要给死者陪葬一些生产、生活所需的东西。在原始社会早期的墓葬中，随葬品多是汲水、炊煮、盛置、饮食等方面的成套生活用具，也有少数装饰品或生产工具。原始社会后期出现了以人殉葬的现象。进入奴隶社会，以奴隶殉葬，让他们在阴间继续为主人效力，则成为一种制度。如《墨子·节丧篇》载："天子杀殉，众者数百，寡者数十；将军、大夫杀殉，众者数十，寡者数人。"从殷墟墓葬的情况看，商代的人殉动辄数百人，甚至上千人，突出地反映了奴隶制的残酷性。西周开始以俑（用陶、木、金属制作的人偶）来代替人殉，但是人殉的情况仍旧普遍存在。在秦代，人殉规模一度达到顶点，秦始皇陵的人殉数量超过万人（见《史记·秦始皇本纪》和《汉书·楚元王传》），为中国历史上规模最大的一次。西汉至唐，中原地区的人殉制度渐趋衰落。但自宋代开始，契丹、女真、蒙古、满族等边疆民族先后入主中原，他们均有人殉的传统，促使中原人殉再度风起。总之，人殉制度在整个古代社会虽几经起落，但长期延续，没有断绝。虽然后来封建统治者曾借助封建礼教，对被殉者及其家属从精神上和物质上给予奖励，如给殉葬的王妃增加封号，把殉夫而死的女子称为烈女并加以旌表等，但并未改变其残暴强制的本质。从殷商到战国时期，统治阶级还把他们生前使用的车马、兵器、乐器、玉器、饮食器皿等许多有实用价值的器物带到墓中，叫作"祭器"。后来，随着社会的发展，他们开始随葬象征性器物，即用竹木、陶土等制作的实物模型，称为"明器"。明器制度是人殉制度和祭器制度的演变，是一种进步。宋代之后，一般人家逐渐流行用纸制作的明器；但是封建帝王和高官显贵死后，仍用大量金银珠宝等殉葬。

（二）火葬

火葬在我国有着悠久的历史。1945年，甘肃省临洮县寺洼山的史前遗址出土了一个盛有人类骨灰的灰色大陶罐，这说明我国的火葬可溯源到原始社会时期。进入阶级社会后，火葬继续流行。据《墨子·节葬（下）》载："秦之西，有仪渠之国者，其亲戚死，聚柴薪而焚之……"可见，先秦时期的仪渠地区（**今甘肃省庆阳县西南**）是实行火葬的。汉代佛教传入我国，依照教规，佛教徒死后要火葬。受其影响，火葬开始在某些地区盛行，甚至皇室成员不得已时也有实行火葬的。《新五代史·晋家人列传》记载：后晋皇帝石敬瑭的皇后李氏，被契丹俘虏后死亡，即"焚其骨，穿地而葬焉"。宋元时期，实行火葬的人更多，地域也更为广泛。据宋代王偁（chēng）所著《东都事略》，北宋初年"遵用夷法，率多火葬"。《宋史·礼志》云：

"河东（今山西地区）地狭人众，虽至亲之丧，悉皆焚弃。"到了明清时期，统治者禁止火葬，明朝还制定了惩处火葬者的法律，火葬风俗逐渐衰落，但从未绝迹。

关于火葬的具体仪式，各地情况不尽相同。元代江南水乡居民的火葬比较隆重，要衣麻、奏乐，用甲胄金锦诸物与尸并焚（《马可·波罗行纪》）。而有的则比较简单，如《红楼梦》第七十八回写道"心比天高，命比纸薄"的丫头晴雯死时说，"立刻入殓，抬往城外化人厂去了"。古人对于骨灰的处置方式也不一样，有地位的高级佛教徒要修一座骨灰塔，而一般人则有的弃于水中，有的撒在荒野外，有的装入瓦罐、木匣等埋葬。据有些人对元初至明初云南楚雄禄丰县的火葬墓的考察，其处理骨灰的方式是：待尸体焚烧到骨骼呈灰白色时，选头骨及大块骨骼，用朱砂或金粉在上面书写梵文经咒，以超度亡灵，然后将骨骼按顺序放入陶瓷罐内安葬。有的还在罐底凿一个孔，以便让"灵魂"出入。这显然是带有佛教观念色彩的仪式。不过，火葬后即使再将骨灰埋葬，也没有坟头。

在古代，火葬流行，大抵有两个原因：一是佛教徒实行火葬，即使封建帝王禁止火葬，也不禁止和尚火葬，佛教盛行的地区必然流行火葬。二是火葬省钱，不占用土地，容易被无地无钱的劳苦大众接受。正如申报馆辑《寰宇琐纪》卷十一所说，采用火葬的，"其间无赀营葬者半，惑于释氏之说者半"。今天看来，火葬既经济又卫生，是较好的葬式，应该大力提倡。

（三）天葬

古代有一种迷信的说法，认为尸体会束缚灵魂，只有当尸体销毁后，灵魂才能够升天。而天葬就是一种从速毁尸的葬式。

天葬亦称"鸟葬"，是藏族较为普及的一种葬法。天葬时，死者一般不着衣服，由司葬者用畜驮或背扛运至天葬场，经喇嘛焚香诵经后，司葬者将尸体肢解粉碎，拌以酥油、糌（zān）粑，最后焚烧柏枝燃烟。鹫群则趋烟而至，争相啄食。食尽即意味着死者灵魂已经随鸟一起升天，从而可以得到来世的幸福。

蒙古族早期也实行天葬。人死后，用白布裹身，将尸体载于勒勒车或负于马背之上，驱之以行，尸体坠处即为葬地；也有运往喇嘛事先指定的山顶上或山谷中的。将死者运至葬地，送葬者即返回，任凭鹰犬啄食尸体。三日后，族人前去查看，如尸体已被鸟兽食尽，则认为死者的灵魂已经升入天堂，举家皆大欢喜；否则认为死者生前的罪过未消，必须请喇嘛诵经祈祷，替死者消灾、忏悔，直至尸体全被鸟兽食尽而止。死者天葬后，其子孙后辈被要求在49天或百日内不剃头、不饮酒、不娱乐，遇到朋友宾客也一概不寒暄，以示哀悼。

（四）悬棺葬

这是一种处置死者尸骨的特殊方式，主要分布于古代南方的少数民族地区，从先秦时期一直延续到明清两代。根据古文献资料和考古发现，悬棺葬有多种类型：一是在岩壁上凿孔，楔入木桩，把棺材放在木桩上面；二是利用天然岩穴，将棺材半放穴内，半露穴外；三是利用两个岩石间的裂隙，在其间横架木梁，放置棺材，棺材全部外露；四是凿岩为穴，插入棺木，一端露于穴外。以上四种，均以

"悬"为特点，故称悬棺葬，亦称"崖葬"。还有一些将尸骨或棺木全部置于岩壁洞穴之中的葬式，多为"岩洞葬""岩墓""岩棺"，与悬棺葬属于同一大类型。所悬棺材的样式也不相同，有用整木凿的独木舟式，有用木板做成的长方形棺材，也有以陶瓷和竹席做成的葬具。

对于悬棺葬的丧仪，三国东吴沈莹所著《临海异物志》做了简单的记载，其中提到三国时期东吴皇帝孙亮太平年间（256—258），临海郡（今浙江天台、缙云、丽水、龙泉一带）住在深山中的人，死后用一方形木函装殓，杀犬祭祀，饮酒歌舞，宗教仪式完毕，就把棺材"悬著高山岩石之间"。至于为什么要实行悬棺葬，可能与古代南方少数民族的宗教意识形态有关。据唐代张鹭（zhuó）的《朝野佥载》记述，"五溪蛮"的老人死亡后，尸体入棺后先放在村外，三年后再将棺木安置在临江的高岩上。他们认为"弥高者以为至孝"，即：棺木放的位置越高，越是尽了孝道。从考古材料看，有的悬棺竟放置在高达一二百米的悬崖峭壁。

（五）玉殓葬

这是指长江下游良渚文化墓葬中，随葬璧、瑗、环、琮、玉镯、玉锥、玉蝉、玉佩等多种玉器的安葬形式。《周礼》中有"苍璧礼天""黄琮礼地""璧琮以敛尸"的说法，所以有的学者将良渚文化墓葬称为玉殓葬。这是强调随葬品的重要性，因为按周代礼制，璧、琮是祭祀用的礼器，墓主拥有这些礼器，说明其生前掌握祭祀天地的权力。通过分析随葬品的性质，则可推测墓主人的身份，故有其特殊性。不过究其实质，玉殓葬也属于土葬一类。

与此相联系，汉代盛行帝王及上层贵族死后身着玉衣厚葬的制度。玉衣，即用玉片编缀而成的衣服，是一种特制的高级葬服。古人认为，穿玉制葬服，可以庇佑尸骨不朽，灵魂长存，因此他们不惜工本制作玉衣。目前，我国发现的复原完整、保存最好的玉衣，是1968年河北省满城县陵山出土的西汉中山靖王刘胜及其妻窦绾的两件金缕玉衣。玉衣分为金缕玉衣、银缕玉衣、铜缕玉衣等不同等级。根据《后汉书·礼仪志》，汉代皇帝死后用金缕玉衣，列侯始封、贵人、公主用银缕玉衣，大贵人、长公主用铜缕玉衣。但从刘胜和窦绾的金缕玉衣来看，这一规定在西汉时期尚不严格。汉代以后，使用玉衣的情况渐少。三国时期，曹魏黄初三年（222），魏文帝曹丕鉴于汉代诸陵的金缕玉衣不断被偷盗，下令废除了玉衣葬制度。

金缕玉衣

三、坟墓与陵寝

在土葬中，死者埋葬的地方叫作坟墓。在上古时期，坟与墓是有区别的，葬后封土成丘称为坟，不堆土亦不植树称为墓，后来人们才将坟墓连称。根据现代考古材料，商代和西周的墓均无坟堆。如：殷代的武官村大墓和妇好墓均不见坟丘。这与《礼记·檀弓（上）》所说"古也，墓而不坟"是相吻合的。后世也有不起坟头的土葬。如蒙古族有一种葬法是：将尸体深埋地下，掩土后驱马踏平，任榛草生长，不留痕迹。墓上加坟的习俗，大约起源于春秋时期。据《礼记·檀弓（上）》，孔子把已故父母合葬的时候就筑了四尺高的坟丘。近年来，河南固始侯古堆发掘的春秋晚期宋墓，有高达七米的坟丘。进入战国时期，坟丘已较为普遍。墓上筑坟主要作为墓的标志，也是为了增加盗墓的难度。自从坟丘式墓葬推广以来，坟墓的高低、植树的品种以及占地面积的大小，也都成为墓主身份等级的一个标志。汉代班固在《白虎通德论·崩薨》中引《春秋含义嘉》说："天子坟高三仞，树以松；诸侯半之，树以柏；大夫八尺，树以栾；士四尺，树以槐；庶人无坟，树以杨柳。"这反映了先秦时期坟墓的情况。至汉代，统治者将坟堆的高低列入法律条文："列侯坟高四丈，关内侯以下至庶人各有差。"（《周礼·春官·冢人》郑玄注引《汉律》）唐代之后，历代都对品官坟制有明确而具体的规定，且大同小异。如《明史·礼志》载：明代功臣死后封王，坟地周围100步，坟高二丈，四周坟墙高一丈；一品坟地90步，二品以下递减十步，七品30步，七品以下20步；一品坟高一丈八尺，二品以下递减二尺，七品以下六尺；一品坟墙高九尺，二品至四品递减一尺，五品以下四尺。

与坟墓相联系的还有墓碑和墓志。最初的墓碑是木制的。先秦王公贵族下葬时，因墓穴很深，棺木要用辘轳系绳（绋）缓缓地放下去，装辘轳的支架就是碑。这种碑的上端凿有一圆孔，可扣住粗大的绳子，古碑上方有圆孔大概即由此而来。这种供悬棺入土的辘轳支架到汉代被改为石制。起先，所有墓碑都是无字的，殡仪结束就留在墓穴里。后来，古人就利用这现成的柱子，刻上墓主的姓氏、官爵、卒葬年月等内容。这种刻着文字、含有纪念性质的"碑"，就是后来完整意义墓碑的雏形。到了汉代，墓碑已立在墓上，其制作也越来越精细，碑文也多为歌功颂德之词，成为炫耀死者身世、业绩的工具。

汉代以后，出现了与墓碑性质相同的墓志。墓志是和棺椁一起埋在墓穴内的石块，上面刻有死者的生平。当初，墓志的作用主要是防备陵谷变迁，以此为标志，便于后人辨明墓穴，所以也称"埋铭"或"葬志"。魏晋时期，魏武帝（曹操谥号）等曾以天下凋敝、碑表虚美等为由禁止立碑，于是埋墓志之风开始盛行，至北朝魏齐时期达到极盛。最初，墓志形状各式各样，北魏之后方形墓志成为定制。墓志一般有两块正方形石板，一上一下相合，平放置于棺椁前。上石为志盖，刻有标题（某朝某官某人墓志），饰以花纹、神像，所写文字多为篆书，也称"篆盖"。下石为志底，刻有志铭，主要内容是死者姓氏、籍贯、官阶、生卒年月、生平事迹等，其内容用散文体的称"志"，用韵文体的称"铭"。有的有志无铭，有的有铭无志，而大多数是志铭兼而有之，统称为"墓志铭"。墓穴埋志是我国古代一种颇具特点的丧葬礼俗，主要为了表彰死者，以示永志怀念。南北朝之后，墓志刻工愈加精细，形制结构也愈加讲究。有的还刻有线画青龙、白虎、朱雀、玄武（龟或龟蛇合体）等四方守护神形象和莲花图案纹饰。有的志盖则雕刻成龟形，首尾四足出露，龟背中间题写着死者之名。

从战国中期开始，君王的坟墓有了专名，称为"陵"。《史记·赵世家》载：赵肃侯十五年（公元前335年）"起寿陵"。这是我国历史上君主坟墓称陵的最早记录。君主坟墓称陵的原因，据杨宽所著《中国古代陵寝制度史研究》（上海古籍出版社1985年版），主要有两点：一是当时作为封建身份等级制中最高一级的国君，坟墓造得最高。咸阳以北现存的秦惠文王墓和秦武王墓都高达三丈以上，这在当时坟墓中算是最高大的。当时，人们已经把高大坟墓比作山陵，因而顺便把国王的高大坟墓称为山陵。二是战国时期的人已用山陵比作最高统治者，把他们的死隐讳地称为"山陵崩"。因此，国王在世时预先建造坟墓时，为了避免不吉利，也就隐讳地称为陵或寿陵了。把君王坟墓比作崇高的山陵，也是古代推崇皇权至上的一种表现。到了汉代，"无帝不称陵矣"（顾炎武《日知录》卷十五）。

大约在君王坟墓称陵的同时，出现了在帝王陵墓顶上或边侧建"寝"的制度。这是因为当时人们迷信死者灵魂就藏在陵墓的墓室中，建寝则便于死者灵魂用作饮食起居的处所。从汉代的相关记载看，当时帝王的陵寝陈设有座位、卧床、几、匣柜、被枕、衣服及其他生活用品，如同活人的居室一样，应有尽有。每天，宫女像对待活着的君主一样，按照一定时刻为灵主灵魂整理床上被枕，提供盥洗用水，布置妆饰用具，并按时刻献供四次食品。这种帝王陵园建寝制度，开始于战国时期，确立于汉代。东汉时期一度把每年元旦朝贺皇帝的"元会仪"等搬到先帝陵寝，称为"上陵礼"，并建筑了举行仪式的大殿，使得陵寝在祭礼中的地位大大提高。魏晋南北朝时期，政局动乱，战争频繁，陵寝难以保存，处于衰落阶段。唐宋时期，随着社会经济的恢复和发展，国家财政收入增加，陵寝又进一步扩大和发展。明代扩大了祭殿的建筑，取消了寝宫的设施，废止了留宿宫人、日常供奉的形式，更加突出了朝拜祭祀的隆重礼仪。这种讲究朝拜祭献排场的风气，一直延续到清朝末年。

还需提及，在古代帝王、贵族官僚的墓地，十分明显地代表墓主等级地位的，是墓前大道（称为"神道"）两旁陈列的石像雕刻群。这些石刻不仅有高低大小和数量的差别，类型品种也不同。例如：明孝陵前的石兽有狮、独角兽、骆驼、象、麒麟、马六种，共12对；石人有文臣、武臣二种，共四对。明长陵沿用孝陵石刻群的组合，增加勋臣一对，成为明代皇帝陵的定制。至于官僚墓前的石刻群，《明会典》明确规定：公侯和一、二品官，是石望柱、石虎、石羊、石马、石人各一对；三品官减去石人一对；四品官是石望柱、石马、石虎各一对；五品官是石望柱、石马、石羊各一对；而六品官以下不准设置石刻。清代大体沿用明制，其他各代也都有类似的等级规定。另外，古代受到推崇的特殊人物，墓前神道也有石刻，如曲阜孔林神道即有石人、石豹、石甪（lù）端（传说中的神兽）、石望柱各一对。

四、居丧与祭祖

传统的丧葬礼仪，并非在墓葬仪式结束时就全部完成。出于传统的信仰心理，一方面，古人认为鬼魂在阴间仍需生活，如果子孙后代不及时祭扫，鬼魂将会因得不到祭祀而凄苦不堪，会活不下去的；而且鬼魂得不到祭扫就会发怒，作祟害人。另一方面，古人又认为祖先的鬼魂会庇佑自己的子孙；为了保护活着的人，非祭祀不可。葬后礼仪主要有两种：一是孝子及有关亲属的居丧礼制，二是葬后对亡灵的祭祀仪式和日常生活中经常要举行的祭祖仪式。

（一）居丧

居丧，又称守孝。它的基础是孝与亲情，即：孝子在其亲人去世后一段时间内节制其生活的许多方面，以表示对亡人的哀悼、思念。居丧的观念是儒家传统孝道在丧葬礼俗的反映：小孩子出生后三年不离母亲的怀抱，时刻都需要父母呵护、照料，因此父母亡故后，儿女应该还报三年。

前已述及的成服之礼，因生者与死者间亲属关系的远近亲疏而不同，丧服格式各不相同，随之而来的居丧期限也就不同了。在传统社会里，关于居丧期限的长短，一直有争论，实际做法也常常不同。不过，由于统治者强制推行，总的说来实行的是对斩衰一服的孝子要求居丧三年（实际是25个月或27个月）的制度。《礼记》中专门有

《三年问》一篇，详细解释了三年居丧的理由。

居丧是对父母孝心的最好体现，也是对儿女是否孝顺的考验。关于居丧期间应该遵循的行为规范，《礼记》中的《杂记》《檀弓》《曲礼》《丧大记》《间传》《丧服四制》《问丧》等篇都有记载。居丧期间，不能住在家里，而要在父母坟前搭个小棚子，"寝苫枕块"（**睡草席、枕土块**），而且要粗茶淡饭，不吃肉，不喝酒，不与妻妾同房，不听丝弦音乐，不洗澡，不剃头，不更衣。

按照礼制，服丧期间还有许多居丧的规定要遵守，称为"守制"，具体内容有以下几个方面：第一，庶民要谢绝应酬事务，做官的则要解除职务，在家守孝至居丧期满。品官因父母丧而弃官离职亦称"丁忧"。丁忧制度大约始于西汉末年。《汉书·哀帝纪》载："诏曰：……博士弟子父母死，予宁三年。"颜师古注："宁，谓处家持丧服。"王莽当国时则规定"天下吏六百石以上皆服丧三年"（《汉书·王莽传》）。之后，丁忧制度一直延续到清代。对父母死不奔丧、离职者，被认为"大不孝"，还有惩处的规定，有时甚至被处以极刑。如：后唐明宗天成三年（928）闰八月，滑州掌书记孟升因隐匿母丧而被大理寺判以流刑，而明宗认为他"将复投荒，无如去世"，赐其自尽。不过，国家如因军事需要或其他特殊原因，官员守制没有期满，朝廷也可强令其出仕，叫作"夺情"或"起复"。但他们在入署办公时应穿素服，也不能参加朝会、祭祀等礼仪活动。第二，居丧期间禁止婚娶、饮宴等喜庆之事。如果违反，就会受到处罚。《唐律》规定，居父母丧，如果"身自嫁娶"，或者脱掉孝服游戏作乐，均为"不孝"，属十恶罪之一；若居丧"生子，徒一年"。第三，居丧期间禁止参加科举考试。起初限制很严，即使服缌麻者也不准赴考。清初顾炎武的《日知录·缌丧不得赴举》载，宋代举人郭稹冒缌丧赴考，被同辈告发，遂被交付御史台勘问。到明代，限制放宽，除了服三年之丧者不得赴考外，其余不再限制。当然，封建朝廷为维护丧服礼制，对守制的官员也给予一定待遇。如：明代曾经规定，官员在居丧期间，凡已任职五年以上且没有大的过失，就发一半的俸禄；"在职三年者，给三月全禄"（《日知录·奔丧守制》）。另外，对守制在家的官员，朝廷一般都要派遣官吏前往慰问，并赐给他们钱、米等物。

此外，根据身体状况和年龄大小，居丧的时候可以有些权变。《礼记·曲礼》明确规定："居丧之礼，头有创则沐，身有疡则浴，有疾则饮酒食肉，疾止复初。不胜丧，乃比于不慈不孝。五十不致毁，六十不毁，七十唯衰麻在身，饮酒食肉，处于内。"也就是说，如有疾病，可以随便一些，不必拘礼；若年迈，也不必拘礼，七十岁的孝子甚至可以只披麻戴孝，可以饮酒食肉，也不必到父母墓旁搭草棚寝苫枕块。

（二）祭祖

对亡灵的祭祀，从落葬之后就要陆续举行了。在民间，人死后就设立灵座，供木主牌位，每日祭奠供饭，与平日一样，祭时哭拜。每隔七天，则要更隆重地祭奠，请僧道来念经做道场，超度亡灵，共做七次，故称"做七"，又称"斋七""烧七""七七"。也有的地方在出殡之日开始做七。总之，这是一种祭礼。

　　一般认为"做七"肇始于南北朝，与佛教传入有关。或说，人有七魄，死后每七日失散一魄，七七四十九日散尽；或说，亡魂在去往阴间途中，能否转世，还不能确定，活着的人要多为其念经超度，减轻罪孽，亡魂才有可能升入天堂，否则就要堕入地狱，所以古人历来十分重视"做七"。在"做七"中，尤以"五七"为隆重。俗信以为，这是亡魂最后一次回头看望家乡亲人，过了这一天，亡魂神智迷糊，不能自主。关于"五七"的祭祀礼俗，《红楼梦》第十四回有一段关于宁国府为秦可卿办丧事的文字可供参考："这日乃五七正五日上，那应佛僧正开方破狱，传灯照亡，参阎君，拘都鬼，延请地藏王，开金桥，引幢幡；那道士们正伏章申表，朝三清，叩玉帝；禅僧们行香，放焰口，拜水忏；又有十三众尼僧，搭绣衣，靸红鞋，在灵前默诵接引诸咒，十分热闹。"由此可见，和尚、道士、尼姑济济一堂，各显神通，一道道仪式程序，让人眼花缭乱。"做七"的最后一个仪程是"断七"。到了第七七四十九天，超度亡灵也就告一段落。隆重祭奠之后，孝子脱去丧服，烧掉孝鞋、丧杖等物，撤去灵堂，一切恢复正常。

　　此后，仍有许多祭祖仪式。祭祖是中华民族传统文化中的一大特色。中国历史上的祭祖可以追溯到原始社会后期的父系氏族社会时期，黄帝、炎帝、伏羲（太昊）、女娲、尧、舜、禹等领袖人物，都是被各自的氏族当作始祖来加以崇拜和祭祀的。从殷墟出土的甲骨卜辞可以看出，商代的祖先祭祀十分发达，祀典达二十多种。周代进一步把祭祖制度化。商周的帝王祭祖，都在宗庙中举行。周代还有"立尸"的仪节，就是让一个人装扮为"祖先"，接受祭祀。到了春秋时期，逐渐改用神主来代替"尸"。春秋时期，儒家继续提倡祭祖礼仪，但在原先对祖先敬畏与祈求的基础上加入了"慎终追远""报本反始"这样一些伦理观念，更为人们所接受。自秦汉以降，一方面，历代帝王仍然十分重视祭祖，将其列入国家祀典；另一方面，在广大民众中，祭祖同样成为礼俗的重要内容之一。

民间祭祀祖先的礼俗，形式极其丰富，如按祭祀地点来分，有墓祭、祠祭和家祭三种。墓祭又称"上坟""扫墓"，是在坟墓前祭奠祖先亡灵的仪式，尤以清明节为多，也包括修缮坟墓、在坟地植树等活动。祠祭在祠堂内举行，是宗族集体活动，每年春秋大祭，十分隆重。家祭以家庭为单位，逢年过节在家中祭祖。

如按时间来分，祭祀又有忌日祭、春节祭、上元节祭、清明节祭、中元节祭、十月朔日祭、下元节祭等。忌日，指父母或祖先去世的日子，每年到了这一天，家人禁忌饮酒作乐，故称忌日，又称忌辰。此日，子女上坟墓祭祀，或在家祭祖。春节是合家团圆的节日，家人总会想到死去的祖宗。一般在吃年夜饭之前，先要在家祭祖，让祖先也回家吃"团圆饭"。祭祖之后，全家人再坐在一起吃年夜饭，这也表示出人们对祖先的尊敬和怀念。大年初一，一般要在中堂悬挂祖先画像，向祖先礼拜。上元节，又要祭祖。清明节，主要是扫墓。中元节（**农历七月半**），俗称"鬼节"，道教认为这一天是地官大帝的诞辰，要诵经超度亡魂；佛教认为这一天是目连救母的纪念日，称为盂兰盆节；民间则往往要在此日祭祖，并超度孤魂野鬼。十月朔日，即农历十月初一，要祭扫祖坟、祭祖，还要"烧包袱"，以五色纸剪成衣裤状，再加纸锭，封入纸糊口袋，上写三代祖宗名字、晚辈名字，然后在门前或坟前焚烧，俗称"送寒衣"。下元节是农历十月十五，道教以为这一天是水官大帝的诞辰，一般也要祭祖。

总之，在传统社会里，人们始终与过世的祖先保持着密切的联系，他们除了在礼仪所规定的时间、地点祭祖之外，家中发生了重大事件，也得通过祭祖的形式报告祖先；或者每逢婚娶、生子、升官、发财、造屋等喜事，要让祖宗也高兴；或者遇到困难，也总是想到请祖宗来"保佑"，这种文化心态已经成为中国礼俗的重要基础。

第十章

祭祀礼俗

古人十分看重祭祀，并将其列入"国之大事"（《左传·成公十三年》），因此祭祀的范围很广，祭祀的仪节也很繁杂。

一、封禅与郊祀

封禅是古代帝王祭天地的仪式，封为祭天，禅为祭地。封禅起源于古人对大自然的崇拜。据《史记·封禅书》载，早在伏羲氏以前，无怀氏就曾封泰山，禅云云山，而先秦封禅者据说多达"七十二家"。

封的位置都在泰山。这是因为：泰山是五岳之长，其山高，离天近，人间帝王到泰山顶上祭上帝，表示受命于"天"。也有人说，泰山为东岳，东方是万物之始、阴阳交替的地方，泰山也就成为新生王朝、新登基皇帝向天神地祇报功告成，以取得合法统治地位的祭祀场所。禅是在泰山附近的云云山、亭亭山、梁父山等处举行。天在上，地在下，古人认为天为阳，地为阴，天高于地，所以封的仪式重于禅的仪式。封禅的具体仪节，各朝各代不尽相同，但汉武帝自定的封禅礼仪，前承秦始皇，后启东汉光武帝、唐高宗、唐玄宗、宋真宗等帝王，较具代表性。汉武帝先到梁父山祭地，接着在泰山东边山脚下设坛祭天，然后与少数大臣登上泰山顶，再次祭天。次日，他们从北坡下，在泰山下的肃然山再次祭地。封禅时，用江淮出产的一茅三脊草及各地珍贵的飞禽走兽祭祀，并用五色土封于祭坛。在隆重的音乐声中，汉武帝身穿黄袍，亲自跪拜。封禅后，汉武帝下诏改元，并令在泰山下"治邸"。后世的封禅程式大多与此类似。

古代帝王之所以热衷于封禅大典，是因为这么做可以利用人们对天的崇拜，以"天命转移"来解释他们从别人手中夺取天下的合理性，从而安定民心，巩固其统治地位。不过，封禅兴师动众，耗费大量资财，一些有见识的官吏（**如唐代魏徵等**）曾提出反对意见。自南宋以后，废止了皇帝到泰山封禅的形式，将封禅与郊祀合二为一。郊祀也是古代祭天地的祭礼，周在冬至日祭天于南郊，夏至日祭地于北郊。后来，常有天地合祭的，宋代就在南郊合祭天地。明代永乐十八年（1420），成祖在北京南郊建筑了大祀殿，合祭天地。嘉靖皇帝认为，合祭天地于大祀殿，不合古制，故在大祀殿南新筑寰丘（**后改名天坛**）专门祭天，另在北郊建方泽坛（**后改名地坛**）用来祭地。之后，历代皇帝就一直分祭天和地了。

二、社稷祭

社是土神，稷是谷神。古代以农为本，与农业紧密联系的祭祀社稷活动，便很受重视。社稷祭由来已久，西周时期掌管国家祭祀的大宗伯就有"以血祭祭社稷"的职责，又有小宗伯负责社稷坛的建造。社稷坛是祭祀的场所，周王的社稷坛按礼仪要用五色土铺垫。土色随其方位，东青，南赤，西白，北黑，中黄，以象征五方。现存北京中山公园里名为"五色土"的方形大平坛，便是明朝永乐年间营建北京时所筑的社稷坛。周王祭社稷要用太牢，即牛、羊、猪三牲，还要钟鼓齐鸣，载歌载舞，十分隆重热烈。

古文献常以社稷指称国家。这是因为：一个国家建立要筑社稷坛，而一个国家灭亡后其社稷坛就会废弃，国家兴亡必然反映在社稷坛建置或改变上，用社稷指代国家就很自然了。社稷既已成为国家的象征，其祭祀的意义就更特殊了。

不过，社稷祭祀不只是君王的事，古代各个阶层都有祭社活动。《礼记·祭法》称："王为群姓立社，曰太社；王自为立社，曰王社；诸侯为百姓立社，曰国社；诸侯自为立社，曰侯社；大夫以下成群立社，曰置社。"在这里，君王建立的太社，用的就是前面所说的五色土。据说，上古君王封诸侯时，便依封地所在方位从太社坛取一撮色土，赐予被分封的诸侯，诸侯再将其置于封地的社稷坛中，自然诸侯的社稷坛就不能有五色土了。至于更下一级置社立坛，只能用本地的泥土。既然大夫以下要成群立社，民间便以祭社活动为中心形成了居民的社会组织，这种组织也称为"社"。立社时，不仅要封土为坛，还要种植适合当地土壤的树木。这树也是社的标志。社的规模有12家、25家、50家、100家等多种说法，也有以全村为单位祭社的。到社祭之日，几乎全社的人都停止工作，参加祭祀活动。这一天，还有专为社日准备的社饭、社糕、社饼。在农村的各个社坛附近，同社人聚会祭祀之后，就在一起畅饮欢歌，吹箫击鼓，非常热闹。这种民间的社日祭祀活动起源于先秦时期，发展于秦汉时期，普及于唐宋时期，到元代因受到统治阶级的钳制而逐渐衰落了。

三、宗庙祭

古代宗庙又称太庙，是帝王供奉祖先的庙。历代帝王都认为，君权是由天神交授、承袭祖先获得的，因此把家、国视为一体，从而把宗庙看作国家的象征。君王营建宫室，首先按左宗右社的制度在前面营建宗庙。即使到了明清时期，依然沿袭这个制度。现在北京故宫前居于左方的劳动人民文化宫，就是明清时期的太庙。国家如有大事，则必告于宗庙以示尊敬。帝王登基之时，也要先在宗庙举行拜祖先、会群臣、受印玺的典礼。

先秦时期的宗庙祭祀活动很多。有每月初一举行的"月祭"，这是用新鲜五谷或时令食物奉祀祖先，故又称"荐新"；有分春夏秋冬的"四时之祭"，供品为三牲、黍稷等，又叫"时享"；还有每三年、五年举行一次的"祫（xiá）祭"与"禘（dì）祭"。祫祭和禘祭都是汇合祭祀宗庙中全部祖先神主的大祭，只限于天子和诸侯的宗庙有权举行这样隆重的祭礼。这些祭祀活动都有一整套烦琐的仪式，一般要由精通礼仪的"相"来担任赞礼和司仪工作。相即傧相，由卿、大夫担任赞礼工作的叫作大相，由士担任赞礼工作的叫小相。汉代以后，上述宗庙祭祀在具体时间、供品内容、神主多寡等方面虽有所变化，但荐新、时享、祫祭和禘祭这些重要的宗庙祭祀名目和基本礼仪始终遵行不废。

除帝王宗庙外，按周代礼制，士以上阶层也可设家庙祭祖，他们后代的品官亦大多建有家庙。家庙祭祀不像太庙祭礼那样隆重，祭祀的次数有时也有限制。《清史稿·礼志》载，清代规定：三品以上官员可以四时祭家庙；四至七品，春秋两祭；八九品只有春季一祭。但是，官僚显贵的家庙，每逢春秋大祭，仪节也十分繁杂。据《鲍氏宗谱·祭仪》，清代湖北麻城鲍氏宗族，规定家庙大祭从序立、就位开始，经过荐毛血、举号、作乐、迎神、上香、酹酒、读祝文、进献等，到礼毕、退班，程序多达93道。

四、祓禊祭

早在周代，人们就已注意到三月时令，每逢上巳日（三月初三）便成群结队去水边祭祀，并用浸泡过药草的水沐浴，认为这样做可祓除疾病和不祥。史书称这种祭仪为祓禊。到了汉代，祓禊活动已很普遍。由于三月上旬的巳日每年不同，到魏晋时期祓禊祭就被固定在三月初三，并有了"曲水流觞"的形式。每到三月初三，人们往往邀朋集友于环曲水流旁，置酒杯于上游，任其随流而下，停在谁的前面谁就取杯饮酒。王羲之的《兰亭序》就记载了这种宴饮游乐的盛况。

兰亭集序（神龙本，普遍认为是最接近正本的摹本，现藏于北京故宫博物院）

关于祓禊的起源，有的学者认为，与"简狄吞玄鸟（燕子）之卵"有关。简狄是古代神话中的人物。据传说，在仲春之月，简狄和妹妹正在河水中洗浴，忽然从天空飞来一只美丽的玄鸟，将衔在嘴中的鸟蛋坠入河中。简狄与妹妹争着从水中捞出此蛋，见其"五色甚好"，简狄就吞下了这个蛋，不久即有孕而生下了商部族的始祖"契"。之后，契的子孙繁衍，逐渐发展壮大并建立了商朝。后世举行祓禊祭时也有"曲水浮素卵"的习俗，即：将煮熟的鸡、鸭、鸟蛋投入水中，让其在水中顺流而下，等候在下游的人们则将禽蛋从水中捞起吃掉。由此看来，祓禊祭最初有求子的寓意。另有一说认为，祓禊祭还有招魂的含义。古人认为，人死了以后灵魂仍存，招魂是一种对再生的追求。魏晋以后，三月初三逐渐演变为文人雅集和宴饮游乐的节日，其原始的祭祀内涵不再被人们关注。

五、腊祭

腊祭在先秦时期本称为蜡祭，是古代十二月举行的一种庆祝农业丰收的盛大典礼。每当农业生产获得收成时，人们便认为这是年初祈年祭的结果，是和天地万物之神的助佑分不开的。所以，在旧年将尽、新春将来的十二月，人们就要对天地万物之神进行一次总的报谢大祭典，也为来年的农业生产祈祷求福。

蜡祭的对象都是与农业生产关系密切的神。据郑玄注《礼记》里的《郊特牲》《月令》，蜡祭主要有10余种。其中，祭农神是对农业始祖神农氏的崇拜和纪念。祭作物神"百种"，是报谢他们给人类提供了丰富的衣食来源。祭农官田畯（jùn）神，是感谢其督促和领导农事的功劳。祭田间的亭舍道路诸神，是报答他们为农夫提供了歇息之处并便利了运输交通。祭禽兽神，如猫、虎之类，则是答谢它们捕杀田鼠、野猪等农田祸害而保护庄稼的功劳。祭水利设施神，是因其有防洪和排灌之功。还有日月星辰诸神，其主管阳光雨露，是农作物丰收所依靠的天时基础。土地神则是农作物生长所依赖的地利基础。古人认为，祖先灵魂也在暗中助佑子孙获得农业丰收，因此先祖也在蜡祭之列。

蜡祭是年终报谢鬼神、庆祝丰收的节日活动，仪式盛大热烈，所以又称大蜡。《荆楚岁时记》说："十二月八日为腊日。"这也许就是民间流传的大蜡传统日期。大蜡这一天，人们都停工休息，参加盛会。主会场在天神庙（**在都城南郊**），宗庙及山川岳渎诸庙也都有专人负责蜡祭。祭礼开始，先由大司乐指挥奏乐和歌舞，用以招求万物百神的降临。然后，作为主祭者的国君身着白色服饰，在神灵前宣唱农业祝祷词，同时乐官击鼓奏乐，显出一派既热烈又庄严的节日气氛。歌舞祝颂之后，主祭者换上黄色的礼服进行祭祀。据说，黄色象征土色，这表示国君和大家一起庆祝丰收，以此慰劳农夫，让大家暂时获得休息。据文献记载，周代还有"息田夫""息老物"等仪式。所谓"息田夫"，就是让辛勤一年的农夫暂时休息；"息老物"即让老衰的农夫从此退休。

蜡祭一般要用猎获的动物献祭，周代称为"猎祭"，因为和肉品有关，也写作"腊祭"，是大蜡礼的一个组成部分。后来，"腊"与"蜡"逐渐混淆。到了汉代，蜡祭就改称腊祭了。佛教传入我国后，由于腊祭日与佛祖释迦牟尼成道日相吻合，佛教中献粥供佛的习俗与腊祭礼俗相融合，逐渐演变为农历十二月初八熬"腊八粥"的民俗，一直流传至今。

六、灶祭

祭灶是一种源远流长的礼俗。灶神在民间又称"灶君""灶王""灶王爷"等，是人们信奉的资格最老的神祇之一。早期的灶神产生于人们对火的自然崇拜。在原始人氏族群居的生活中，那一堆不熄灭的火便是他们的灶，因此火神与灶神是一致的。到了夏商时期，灶神逐渐与火神分离，成为民间单独尊奉的一位大神。据《礼记·曲礼（下）》，周代"祭五祀"就已包括祭灶神。所谓"五祀"，是春季祀户神、夏季祀灶神、中央（夏秋之交）祀中溜（中堂）神、秋季祀门神、冬季祀行神。这里对灶神的祭祀，主要还是看中灶与门、户等一样对人具有实用价值。但到汉代之后，灶神就转化为督察人间过错、专向天帝打小报告的神了。

晋代葛洪的《抱朴子·微旨》载："月晦之夜，灶神亦上天白人罪状。大者夺纪。纪者，三百日也。小者夺算。算者，一百日也。"由此可见，最初人们以为灶神在每月最后一天都要上天告状，其中有大罪者要被减寿300天，小罪也得减寿100天。后来，灶神每月上天一次逐步演变为每年上天一次，祭灶的时间也固定在腊月二十三或腊月二十四。

灶神家家都有，是人们无法摆脱的一位神。"人非圣贤，孰能无过？"家里守着一位监护神，不能不怕他上天告状，因此有关灶神的忌讳最多。据《敬灶全书》列举，有不得用灶火烧香，不得击灶，不得将刀、斧置于灶上，不得在灶前讲怪话、发牢骚、哭泣、呼唤、唱歌，不得在灶前小便、吐唾沫，不得在灶前赤身露体，月经未完的妇女不得经过灶前，披头散发者不得烧饭做菜，不得将污秽之物送入灶内燃烧，等等。这些忌讳，除了在灶前小便、吐唾沫等有碍卫生以外，大多没有什么道理。但由此可知，古人对灶神是怎样毕恭毕敬了。

对灶神的忌讳如此之多，而一日三餐又顿顿离不开灶。人在灶前稍不留意就犯了禁忌，得罪了灶王爷，灶王爷腊月二十三上天一汇报后，就不知将会降下什么祸事。所以，在灶王爷上天之前，人们必定要郑重其事地祭祀一番。

每逢祭灶这一天，不论大户小户，不分贫富贵贱，家家都要将灶台、几案、锅碗瓢盆等收拾得干干净净，准备设供祭灶。这时，人们还要在厨房神龛供奉的灶神像两旁，贴上千篇一律的新对联："上天言好事，下界保平安（或'回宫降吉祥'）。"这是人们对灶神的祈祷。设供品后，全家参加祭礼。然后，长子撤香、送酒，为灶神上天坐骑撒豆子、草节等马料，从灶台一直撒到厨房门口的小路上。最后，将原灶神像揭下焚化，称为"送灶"，即送灶神上天。几天之后，多在除夕之夜，再由家长燃烛、焚香、叩头，净手将新灶神像贴于神龛上，然后于神像前摆供祭祀，叫作"接灶"，即重新将灶神从天上接回人间。通常自腊月二十三送灶至除夕迎灶，共七天。清人张朝墉有诗云："纸旖甲马到厨东，司命遄（chuán）行薄醉中。天上去来才七日，凡人无此大神通。"（《燕京岁时杂咏》）这首诗从一个侧面反映了祭灶的一些情况。

山东潍坊年画《灶神》

关于祭灶的供品，汉晋时流行以黄羊祭祀，南北朝祭灶则用"豚酒"。宋代范成大的《祭灶诗》有云："猪头烂熟双鱼鲜，豆沙甘松粉饵圆。"这说明当时供品更加丰富了。这些供品无非是要堵住灶神的

175

嘴，让其酒足饭饱，心满意足，上天后切莫计较家长里短的杂事，多加包涵。明清时期，祭灶食品由荤变素，增加了柿饼、干果之类。其中最有意思的是，还增添了灶糖，即麦芽糖。麦芽糖又甜又黏，把它糊在灶神嘴上，一来灶王爷嘴吃甜糖了，就不好再说恶言恶语，只能说好话；二来麦芽糖黏住嘴巴，想说坏话也张不开嘴。至于连糖果也供奉不起的贫苦百姓，则只好对着灶神许愿。民间流传着这样的歌谣："灶王爷本姓张，一碗凉水三炷香。今年日子过得苦，来年再请你吃糖。"

祭灶活动是一种迷信，反映了古人对自身命运的惘然不解，他们只能把自己遭遇的各种吉凶祸福托之于神。人间过错难免，又怕受到惩罚，只有诚心诚意祭灶，以求消灾免祸。随着人们文明程度的提高，祭灶活动到近现代就逐渐衰亡了。

图书在版编目（CIP）数据

中国礼俗史话：典藏版 / 王炜民著. —北京：中国国际广播
出版社，2020.12（2024.1重印）

（传媒艺苑文丛.第一辑）

ISBN 978-7-5078-4790-1

Ⅰ. ① 中… Ⅱ. ① 王… Ⅲ. ① 礼仪－风俗习惯史－中国
Ⅳ. ① K892.26

中国版本图书馆CIP数据核字（2020）第239075号

中国礼俗史话（典藏版）

著　　者	王炜民
出品人	宇　清
项目统筹	李　卉　张娟平
策划编辑	笑学婧
责任编辑	林钰鑫
校　　对	张　娜
设　　计	国广设计室

出版发行　中国国际广播出版社有限公司［010-89508207（传真）］

社　　址　北京市丰台区榴乡路88号石榴中心2号楼1701

邮编：100079

印　　刷　天津鑫恒彩印刷有限公司

开　　本　710×1000　1/16

字　　数　100千字

印　　张　11.75

版　　次　2020 年 12 月 北京第一版

印　　次　2024 年 1 月 第三次印刷

定　　价　36.00 元